新版

傾聴力を敬聴力へ！

心に届く言葉で、自分の想いを伝えるために

西元　康浩

ＩＡＰ出版

目次

はじめに …… 7
1章 「同じ」ばかりでイイですか？ …… 13
「同じ」探し
「なぜ？」を聴いて（教えてもらって）楽しく生きる
〈補足事例〉
2章 私の【**敬聴力**】 …… 41
「大人のウソつき！」
オレが世界征服をすれば、みんなが幸せになる

今の時代だからこその【敬聴力】
孫たちが働ける場所を日本に残したい！
知的資産経営サポートセンター

3章　「報・連・相」は逆？……77
「報・連・相」の本当の意味
ＩＡＰ協会の「報・連・相」
星野リゾートの「報・連・相」
【敬聴力】を使って職場改善！

4章　【敬聴力】コンサルティング……107
「教えてもらう」専門家になる
【敬聴力】で経営が変わる

提案型より敬聴型のコンサルティング
〈補足事例〉

5章 **【敬聴力】**で伝わる……135
聴くための力が、自分の想いを伝える力に
【敬聴力】を全国へ
日本の未来が危ない！ **【敬聴力】**で事業承継
日本の未来を変える「伴走型支援」
〈補足事例〉
誰にでもできる**【敬聴力】**

おわりに……163

はじめに

本書は、今の時代を、これからの時代を、より良く生きるために役立つ**【敬聴力《けいちょうりょく》】**を皆さんに知っていただきたいとの思いから、また、私自身に向けての啓発の気持ちも込めて書かせていただきました。

私は、行政書士として、中小企業、その中でも特に小規模企業と呼ばれる「小さな会社さん」の経営支援の業務に30数年携わっております。現在は、一般社団法人日本知的資産プランナー協会（ＩＡＰ協会）の理事長を務め、多くの仲間と共に、小さな会社さんの経営支援に取り組んでおります。

【敬聴力】という言葉は、相手の話に耳を傾けて注意深く聴く、いわゆる「傾聴力」の「傾く」の文字を「敬う」に置き換えた造語です。これは、どんなに小さな会社、たとえ社長さんお一人だけで頑張っておられる会社やお店であっても、**これまでの経営で培われた「知恵・工夫・経験」には、本当に素晴らしいものが必ずある！** と肝に銘じてお話を聴かせてもらうという考え方として、これまでは士業と呼ばれる方たちに向けて研修やセミナーでお伝えしてきました。

しかし今回、私は、この【**敬聴力**】を一人でも多くの人に知ってもらいたいと思ったのです。人と人との関わりにおいて【**敬聴力**】を知るだけで、間違いなくその人の人生が豊かになり、また周りの人たちの人生をも豊かにすることができるとの思いからです。

誰の話にも、必ず何か**聴くべきことがある、知るべきことがある**としっかり意識して聴く【**敬聴力**】によるコミュニケーションでは、間違いなく「宝もの」を見つけることができるのです。その「宝もの」とは、決してキラキラと輝く目に見える宝石などではありません。キラキラと生きるための**「知恵・工夫・経験」**、それこそが「宝もの」なのです。

普段から仲が良い親子、あるいは友人や恋人であっても、本当に相手の話・考えを理解して聴くことができているでしょうか？　皆さんはどう思いますか？

「大丈夫！　私はしっかり聴けていますよ！」

と思われた方。本当にそうでしょうか？

おそらくほとんどの場合、相手の話を聴くときに、**自分の聴きたいことだけ**を聴いているのではないですか？　それ故、自分が話す側になったときには、自分の話・考えを相手に伝えることもできていないのです。

皆さんは、自分の想いや本心は、

「自分自身でしかわからない！」
「同じ境遇を経験した者にしかわからない！」

と思っているのではないでしょうか。しかし、人の想いや本心は、意外にも「自分自身ですら気付けない」といった性質を持つものなのです。

まずは、相手の話を「学び」として聴く。これができてはじめて気付くことができるのでは、と私は考えます。

本書では、私が生きてきた60年ほどの間に経験した、人間関係におけるトラブル、あるいは経営・職場におけるトラブルを、**【敬聴力】**を通したものの見方や考え方でどのように解決・改善してきたかについてお話しさせていただきます。

また、私自身の生き方についてもご紹介させていただいております。

もちろん、私の経験や考え方、そして生き方について、

ふ~ん、そんな考え方もあるのだな
それは違うと思う
自分ならこう考える、こう思う

で構わないのです。ただ、本書の中のどこかに、皆さんが過去に経験した出来事や、これから経験するであろう問題や悩み事が、きっと書かれていると思います。
自分にも関連する事例かな？　と少しでも思われたなら、想像してみてください。

「もし、自分に【**敬聴力**】があれば、どうしていただろう？　どうするだろう？」

そして、そのご意見やご感想をいただけると本当に嬉しく思います。

1章

「同じ」ばかりでイイですか?

「同じ」探し

こんな言葉があります。

愛する
それはお互いに見つめ合うことではなく、
いっしょに同じ方向を見つめることである

星の王子さまで有名なサン・テグジュペリの名言です。これはこれでありなのだろうと思います。しかし私は、この愛の名言が言わんとする、価値観や趣味などの共通項、つまり「同じ」の多さが恋愛の条件、これが恋愛の理想の形だと捉えてしまうのは、少し怖いと思います。

ある日、私が何気なく見ていたテレビ番組で、「1時間6000円で恋愛相談を受ける」という職業が、流行のビジネスとして紹介されていました。その番組で取り上げられていた26歳男性の相談です。

彼女との交際が3年になり、結婚を考えてはいるがなかなか決心がつかない。彼女とは食べ物の好みも映画の趣味も真逆。自分は洋画のホラーや、アクション・SFものが好きだが、彼女は邦画の恋愛ものが好き。自分は邦画には全く興味がない。こんなにお互いの価値観が違うのに、結婚して大丈夫だろうか…そう考えると、どうしても一歩が踏み出せない。

—気楽な悩みだな（笑）

と、はじめはそう思って見ていたのですが、次第に、

これは、「同じ」に安心感を覚え、信奉する若者が増えているということなのか…？

やはり、「違う」には不安感を覚え、拒絶してしまうということなのか…？と思えてきたのです。

人は、どうしても相手の話の中に、共感しやすい話、自分と「同じ」意見や考え方を探してしまいます。これはある意味、本能的と言えるのかもしれません。

では、どうして「同じ」を探してしまうのでしょうか？

少し考えるとわかるのですが、人は、**自分のことを話したいだけなのです。そのために「同じ」を探している**とも言えるのです。

相手の話に「同じ」が見つかれば、それは相手と共有できる話題に他なりません。つまり、聴き心地がいいのです。これは、自分の話したい話題でもあり、話すことが得意な話題でもあるはずです。そして、誰だって人から好感を持たれたいものですから、無意識に近い感覚でついつい相手の話に対して「私も同じ！」と、同意する返答が多くなります。結果、双方がこの「同じ」を共有できたつもりになって親しくなるということも多いのです。特に仲が良い、仲良くなりたいと思っている相手であればなおのことだと思います。反対に、どうでもよい相手、と言ってしまうと少し語弊があるかもしれませんが、大して興味のない相手には、適当な相槌や愛想笑いで話を合わせてしまいますから。ー私は違いますよ！　いいえ、今の私は違うと言うべきなのかもしれません。

この「私も同じ！」という気持ちが強ければ強いほど、あとになって大きなトラブルへと発展してしまうことも少なくありません。

信じていたのに…（悲）

絶対に許せない！（怒）

裏切られたという気持ちが強く起こるのです。共同経営者同士の意見の対立やお金の貸し借り、離婚問題、婚約の不履行、相続争い等々、そのケースはさまざまです。詐欺の被害者がいつの間にか加害者になってしまっているという深刻なケースも意外に多いのです。そして、その人たちが善良な人か、あるいは悪徳な人かというと、大方は善良な人たちなのです。

多くのもめ事は、少し乱暴な言い方をすれば、ほとんどが勘違いによって起こるものだと思います。そこに悪意はなく、「知らない」ことを原因とした思い違いや思い込みがあるだけなのです。

もちろん、人はみな善人であるなどとは思っていません。最初から相手をだますつもりの人も、ウソをつくことが癖のような人もいますから、すべてのもめ事の原因が勘違いと言っているのではありません。ただ、私は行政書士という仕事柄、このようなトラブルに大変多く遭遇してきました。

私は、本職以外に、法テラスで行われているADR（裁判外紛争解決手続）の「和解あっせん人」を4年間務めた経験があります。その経験からも「もめ事の多くは、「知らない」ことを原因とした勘違いによって起こる」という考えが強まることはあっても、薄れることはなかったのです。

ちなみに、その4年間での私の和解率は100％でした。私の記憶が正しければ、関わった案件すべてで和解契約を成立させたのは、私だけだったと思います。これは、私が特別に交渉術に長けていたわけでもなければ、ドスの利いた声と顔で言うことを聞かせたわけでもありません。ーわたくし、ちょくちょく「顔が怖い」「声が太い、低い」と言われるのです（汗）

以前、落とし物をして京都の警察署へ受け取りに行った時のことです。エレベーターに乗って4階へ上がる途中、扉が開く度に、乗ってくる刑事さんらしき厳ついお顔の方から

「あ！　どうも！」

とお辞儀をされるのです。そして私もつられて挨拶を返します。

「はいどうも！」ーさすがに落とし物を取りに来ただけとは言えず（恥）

一緒にいたウチのメンバーから

「理事長の知り合い？」

「う～ん…知らん」

　また、ある雨降りの夜のことです。私が傘をさして自転車をゆっくり走らせていると、後ろから何やら大きな声がして、チリンチリン！　と激しくベルを鳴らされました。私は、自転車を道路の脇へ寄せて止まり、
「ゆっくり走っていて、ゴメンネ！」
　一言謝ろうと振り返りました。しかし、口を開く間もなく、一人の若者が私の顔を見るなり
「スミマセンでした〜〜〜」
と言い残し、猛ダッシュで、まさに逃げ去っていったのです。その背中を見送りながら
「なぜに〜」
　どちらのときも、軽く悲しい気分になりました。私の顔？　風体？　雰囲気？　とにかく、勘違いされやすいのだと思います。人は見た目が何％なのでしょうか？　私は、ただの気のいいおっさんなのですけど…。

少し脱線してしまいました。話を戻します。

私がＡＤＲでしていたことは、紛争の申立人と相手方の双方の言い分を、一生懸命に聴く（教えてもらう）ということだけなのです。

なぜ相手が悪いと思うのか？
なぜ相手の主張に納得ができないのか？

そして、その中でわかった「お互いが知らなかった事情や考え方」を双方にわかりやすく伝えただけなのです。

あとは、一般の方が知らないであろう、行政手続きや許認可の要件などについての説明をしました。また、一緒に和解あっせん人をしていただいた弁護士さんからは、これも一般の方が知らないであろう、慰謝料算定の根拠や、仮に裁判となった場合にかかる費用・期間、必要な手続きなどについての説明をしていただきました。

つまりは、**お互いに「知らない」ことを知る**ことさえできれば、ほとんどのもめ事は、何らかの和解へとたどり着くということです。

これは、法的な権利・義務によるもめ事だけでなく、男女間や個人間でのもめ事においても同じだと思います。特に男女の間では、そもそも「違う」考え方があって当たり前なのです。大袈裟な言い方をすれば、同じ人間でも、全く別の生き物と言えるくらいの「違う」があるのです。

私は、これまで少なくとも数万人以上の方と関わってまいりましたが、「聞き上手」「話し上手」な方はおられても、**【敬聴力】**があるな！　と思った方には滅多にお会いしたことがありません。

自分のことを「聞き上手」「話し上手」と思われている方は、実は、相手の話の中に「同じ」を見つけるのがただ速い、ただ上手いだけ。相手の話を自分の「同じ」に結びつけるテクニックを持っているだけ。つまりは自分の話をしたいだけの、「同じ」探しが上手な人なのです。

しかし、「同じ」に価値を求めすぎると、いつしか他者と同じにならなければ！

という思いが強くなり、一歩間違ってしまうと強迫的な思いにまで陥りかねません。最悪のケースでは、心までも病んでしまうのです。自分自身が見えなくなって、生きていく楽しみがわからなくなってしまうのです。かと言って、
誰の話も聞かない！

信じない！

私は私！

の一辺倒だと、これもまた楽しく生きるのは難しいでしょう。

「同じ」にばかり気を取られてしまうと、情報の偏りから、「違う」意見や考え方を聴く機会が極端に減ってしまいます。「同じ」にばかり価値を求めてしまうから、ついつい「違う」を聴くのが面倒になり、聴きたくない、知らなくてもい

い、となってしまうのです。それも、年齢を重ねれば重ねるほど、よりいっそう聴き辛く、認め辛くなっていきます。そうすると、「違う」を忠告してくれる大事な仲間や友達が、気付かないうちに少なくなってしまうかもしれないのです。そしてその結果、自身の世界や可能性が小さくなり、やはり生きにくくなります。これは、絶対にもったいないことです。そして、危険なことでもあります。生きて行くためには、間違いなく**自分とは「違う」知恵や工夫も必要**なのです。

「なぜ？」を聴いて（教えてもらって）楽しく生きる

【敬聴力】は、「同じ」ではなく「違う」を探して、それがなぜ「違う」のかを教えてもらえるスキルです。「同じ」と「違う」をしっかりと聴き分ける力でもあります。**【敬聴力】**を身に付けることができれば、自分自身の危機回避にも随分と役立ち、人生をもっと楽しく生きることができるのです。

自分とは「**違う**」**意見や考え方があるということを**「**知る・認める**」。これがとても重要なのです。もちろん「知る・認める」というのは、相手の意見に無理やり合わせる、従うということではありません。相手がなぜ、自分とは「違う」意見や考え方、価値観を持っているのかを聴く（教えてもらう）ということなのです。これだけでも随分と生きやすくなります。

今の時代はインターネット、ソーシャルネットワーク（ＳＮＳ）の発達により、スマホの画面に指を滑らせるだけでいろいろな情報を簡単に得ることができます。しかし、それは、どこまで行っても「知識」としての情報でしかなく、人が持つ「知恵・工夫・経験」を学ぶことにはならないのです。

【敬聴力】を意識してコミュニケーションがとれると、学校や職場、プライベートで関わる多くの人、また家族までもが、いろいろなことを教えてくれる先生になります。その人が膨大な時間を費やして得た「知恵・工夫・経験」を疑似体験的に、お金もかけずに楽しく学ぶことができるのです。大人になってまで勉強みたいなことはしたくない、という方がおられますが、学ぶことは、間違いなく楽しく生きることにつながると思います。

ＩＡＰ協会では、ある大学で「知財マネジメント」という後期授業を受け持っており、学生の皆さんにも **【敬聴力】** について簡単にお話しさせていただいております。

そこで私は彼らに言うのです。

理性とは、「違い」を探すこと

感性とは、「同じ」を探すこと

それは、彼らは社会に出てはじめて、本当の「学び」を経験することになると思うからです。もちろん学生生活にも、多くの「違う」があることと思います。しかし、おそらくは、社会に出てから遭遇する「違う」の方が圧倒的に多いのです。そしてそこには、学生生活とは全く違う、力関係とも言えるしがらみが存在します。また、業界や環境ごとでの「同じ」と「違う」によって作り上げられた価値観、ルールも存在します。

私は、知識を覚えるだけではなく、「違う」から学ぶこと、すなわち人の持つ「知恵・工夫・経験」からの「学び」を得ることができれば、それは、間違いなく楽しく生きるための力になると思うのです。そのためにも、ぜひ、**「違う」を聴ける、学べる人となって欲しい**。私はそう願っています。

「今さら、学ぶのも…」と思っていると、いざというときに困ったことにもなるのです。世の中には、本当に理不尽な話や、悲しい話があふれています。**【敬聴力】**さえ身に付ければすべて解決、などとは言いません。もちろん思ってもおりません。しかし、解決するための選択肢が格段に増えるのです。

「違う」を知り、なぜ違うのか？　を聴く（**教えてもらう**）ことで、間違いなく人生は、より豊かになり、楽しく生きることにつながるのです。

十人十色は、70億人70億色なのです。

だからこそ面白いのです！　楽しいのです！

人生の目標は、やはり、

「**楽しく生きる！**」「**楽しく生きられる**」

ことだと思っています。

〈補足事例〉

事例① 相談者Tさん・女性

Tさんは、テレビ番組で取り上げられていた美容整形「金の糸を顔の皮膚に埋め込むことで肌にハリが出て若返る」を見て興味を持ち、東京にある美容整形のお店に電話しました。すると後日、営業の方が来られて、しっかり説明を聞いた上で手術を受けたのです。

しかし、術後10日ほど過ぎてから、目の上がピクピク痙攣したり、肌が赤くなったり、眉の上辺りから糸が出てきたり…。不安になり、手術を受けた病院へ電話しました。

「それでは、もう一度施術するので来院してください」

「はい、わかりました…」

Tさんは、電話では一応そう答えたものの、本心は怖くて二度と行きたくないと思ったそうです。

そこで、他の皮膚科や整形外科に行き、相談されたのですが、

「う～ん、金の糸との因果関係については、ウチでは断言できません」

「金の糸を抜くことは、施術した先生にしかできません」

また、市が行なう無料法律相談でも、

「説明をしっかり受けた上で、ご本人が手術を申し込まれて、支払いについての契約もしているし、因果関係がはっきりしないことには医療過誤とも言えない」

と言われ困ってしまいました。実はTさんは、この手術のために１４０万円ものローンを組んでいたのです。しかも、勤めていた会社で経営不振によるリストラに遭ってしまったため求職活動中で、相当につらい状況でありました。その後Tさんは、勇気を振り絞って、最初の病院に再度、電話をしました。

「かゆみも痙攣も治まらないし、肌の赤みも以前よりひどくなっています。もう

一度そちらで手術を受けるというのは、正直怖くてできません。せめて、ローンの支払いだけでも何とかなりませんか？」

「それは無理ですね。もう一度施術を受けてください。その費用は頂きませんから！」

もうどうしたらいいのかわからない、とTさんは相当に落胆されていました。

私はこの相談内容についてメンバーの弁護士と話しましたが、やはり、

「難しいだろうな。仮に裁判となった場合にTさんにかかる費用や時間の負担を考えると…」

しばらくしてTさんから、裁判所から立替金請求事件の通知が届いてしまったという連絡がありました。ローン会社から、訴訟を起こされてしまったのです。Tさんは、経済的にも心情的にも納得がいかず、ローンの支払いを3カ月滞らせてしまっていたのでした。

私は、もう一度、詳しく話を聴かせていただくことにしました。テレビ番組での紹介のされ方やそれを見て感じた期待、美容整形外科医の印象、Tさん自身の

持つアレルギーの話、病院でのバッチテスト実施の有無、営業マンとの話の内容、手術に同意した経緯、契約書に署名した時の状況、施術のリスクについての医師からの説明などです。すると、Tさんが最初に相談に来られた時に話されたこととは、細かいところで違った経緯や内容がありました。

例えば、Tさんは、手術の予約をして東京の病院へ行ったのではなかったのです。まずは、医師からの説明を直接聞くために行ったのです。そして、実際に見た病院の設備の古さや、医師からの説明が思ったより簡単に済まされたことから、手術は受けないと告げたのだそうです。しかし、手術を受けない場合は何十万かのキャンセル料が発生すると言われ、やむなく手術を受けることに同意したのでした。

「でも、140万円も払えるお金がありません」

「大丈夫ですよ。ローンが使えますから」

営業マンはすぐにローン会社と思われる相手に電話を入れ、何やらボソボソと話し、電話を切ると

「TさんOKですよ！」

とその場でローンの申込書を渡されました。Tさんは、そんなに簡単にローン

って組めるの？　と思いながらも、住所・氏名・生年月日・連絡先・勤め先、そ

して年収、それも営業マンに指示された金額を、言われるままに書いてしまった

のでした。

ここまでの話をお聞きになった皆さんは、

「そんなに大事な情報を言い忘れる？」

と軽い違和感を覚えたのではないでしょうか。しかし、実際ご相談に来られる

方には、抱えている問題への不安や焦りから、本当に大事な情報を言い忘れると

いうことがしばしばあるのです。

なお、仮にTさんが病院を相手に訴訟を起こす場合、ここまでのTさんの主張

の裏づけなどの立証責任は、原告となるTさん側にあります。裁判では、本人の

記憶や「言った言わない」だけでは、意味をなさないのです。ましてや今回の立

替金請求事件では、原告は信販会社ですので、なおさら役に立たないのです。つまり、Tさんがこれらの話を最初から漏れずに話されていたとしても、結果は大して変わらなかったのです。

私は、Tさんから改めて聴かせていただいた話を正確に時系列にまとめ、その時のTさんの心情なども含めて文章にし、Tさんに見ていただきました。Tさんは、営業マンと医師からの説明に少し違和感を覚えながらも、その場の雰囲気に飲まれてしまったのだということ、自分が、本当はよく理解しないままに手術を受けてしまったのだということに気付かれたようでした。

私が作成したこの文書を内容証明として病院側へ送った結果、信販会社からの訴えが取り下げられ、裁判とはなりませんでした。また、ローンの支払いについても、病院側で負担していただくことで決着したのです。これは、本当に幸いなケースです。

事例②　相談者Nさん・女性

Nさんは学校の先生をされております。そしてある日、友人・Yさんから勧められて参加したセミナーで、高配当の投資話を聞かされました。Nさんがまずは100万円を投資してみたところ、毎月10％近い配当があったので、結局300万円を投資したのです。そしてNさんは、その投資セミナーを主催している投資グループ会社の契約社員になったのだそうです。

「えっ？　契約社員？　教員のお仕事を辞められたのですか？」

「いいえ、社員と言っても、投資グループ会社の名前が入った名刺をもらっただけで、特に出社することもないので、教員の仕事は続けています」

そして、契約社員となったNさんはその名刺を使い、自分をセミナーに誘ったYさん同様に、知り合いをセミナーへと連れて行きました。紹介した方が投資した場合に、その金額の何％かを紹介手数料として、会社から受け取ることができたのです。

皆さんもお気付きの通り、配当は最初の数カ月だけで、じきに支払われなくなりました。

会社へ問い合わせると、

「投資先の業績があまり良くないようで、配当が先になります。その代わり、別の事業の業績が良いので、そちらに投資されればとりあえずカバーできますよ」

と、新たな投資をさせられるという負のスパイラルに陥ってしまうのです。

Nさんは、自分の300万円は諦めるが、せめて自分の紹介で被害にあってしまった友人や親戚には元本だけでも戻したい、そのために自分はどうすればいいのか、と私のところへ相談に来られたのです。さらに、Nさんにはもう一つ心配なことがありました。それは、Yさんの二の舞になるのではという不安です。

Nさんから伺った話によると、Yさんは、Yさんの紹介で被害にあわれた人たちから、会社とYさんを被告として民事訴訟を起こされたのです。そして、Yさんは会社から、

「裁判については弊社の弁護士がYさんの代理人となって対応しますから、大丈

夫ですよ」

と言われ、呼び出し期日に出廷もせずに任せていたそうです。すると、なんとYさんだけが賠償責任ありの判決を受け、土地と建物を差し押さえられてしまったのです。

事例③　相談者Aさん・男性

事例②と似たケースで、会社経営をしておられる高齢のAさんも、投資話を信じて銀行から借り入れをして、投資してしまいました。やはり、友人・知人を巻き込んでのことでした。ただしAさんの場合は、投資グループ会社から新事業を手伝って欲しいと話を持ちかけられ、結果、詐欺グループが新たに設立した関連会社の代表取締役にまで就任してしまっていたのです。被害総額は明らかに億を超えています。

さらに驚くべきことに、Aさんも、Aさんの友人・知人も、ご相談に来られた

この時点にいたってなお
「自分たちはだまされているのではなく、事業が軌道に乗りさえすれば大丈夫なのですが…」
と言っていたのです。約束の配当も利息も何ら支払われていないにも関わらずです。

このような話は、金額の多い少ないの違いはあっても、本当に日常茶飯事と言えるくらい多いのです。世の中にある儲け話、うますぎる話は、絶対に詐欺だと思って間違いありません。たとえ、その話を持ってきた人が、信用できる人でも、十数年来の友人であったとしてもです。

詐欺事件では、詐欺師が直接だましに来ることは滅多にありません。むしろ、詐欺師にだまされた善良な人が、結果的にだます側になってしまっているというケースがほとんどなのです。

「違う」を避けてばかりいると、世の中の悪意のある「同じ」（詐欺話）に引っかかってしまうのです。自分の聴き心地のいい話だけを聴くのではなく、「違う」を知り、なぜ違うのかを聴く（教えてもらう）ことを意識するように努めましょう。そうすることでやっと、儲け話、うますぎる話にも、自然と「なぜ？」と聴くことができるようになります。

2章

私の【敬聴力】

私が、**【敬聴力】**という新しい言葉を造語としてつくってまで、人の話を聴く力の必要性を説くのにも理由があり、その理由にはきっかけとなった出来事・経験があります。この章では、そんな私の生い立ちを通してお話しさせていただきます。

私は、昭和33年2月4日に、この世に生を受けました。干支は戌、星座は、みずがめ座です。**――はい、「そんな情報だれが聞きたいねん！」ですね、すみません（汗）**

「大人のウソつき！」

私は、3歳の時にポリオに感染しました。ポリオは、現在の日本では滅多に聞くことのない病名です。実は、私自身、あまり詳しくは知らなかったので、今回改めて調べてみました。

ポリオは脊髄性小児麻痺ともよばれ、ポリオウイルスが脊髄前角に親和性をもつので急性灰白髄炎ともいうが、発熱、嘔吐、傾眠、四肢の痛みを訴え、解熱するころ麻痺が急に出現するのが特徴である。左右対称でなく、多くは下肢で、ついで上肢に多くみられ、呼吸筋麻痺をおこすと生命の危険がある。現在は、ポリオ生ワクチンの普及により、ほとんど発症をみない。

（日本大百科全書より）

このポリオが大流行した昭和35年には、全国で６５００人に達する患者が報告されたそうです。当時の日本ではまだ、ポリオの生ワクチンは製品として認可されていませんでした。そして、大流行の翌年にカナダと旧ソ連から生ワクチンが緊急輸入され、１３００万人の小児に一斉投与が行われたのです。同年より患者数は激減し、３年後には１００人を下回ったとのことです。

「あなたが病気になった時、ソ連から日本に高い薬が入ってきて、それで命が助かった」

そんな風に親から聞いていた話と一致しました。

小さいころに、祖母の家のトイレでなぜか体が動かなくなり「おばぁちゃん！　からだがうごかへん！」と叫んで助けを求めた記憶があります。私はチビの頃から冗談ばかり言っているおバカくんでしたから、祖母も、その時一緒にいた母も本気にせず、「またエイジくんがふざけている」と思ったそうです。ー実は私、21歳の時に改名しています。祖父のたっての願いで、「英二」から「康浩」へ…そもそも英二という名前も祖父がつけた名前なのに！　困ったものです。祖父は厳格な人でしたが、ちょっとわがままかな…？

最初は近所のかかりつけの病院で風邪だろうと診断され、じきに熱も下がりました。しばらくは普通に動き回っていたのですが、祖母の家でトイレに入った時に、急に体が動かなくなったのです。この「急に体が動かなくなる」というのは、先に記しましたポリオの特徴の通りだったので、今さらながら驚いています。さらに、この特徴の通り、私の下肢・左足には運動機能障害が残りました。結局、私は入院することとなりました。しかし、それでおとなしくなるということはなく、いたって元気なわんぱく坊主でした。

退院後は、母に連れられバスで3キロほど離れた県立病院へ通院していたのですが、母はたまに、病院近くの商店街へも連れて行ってくれました。その商店街にあるおもちゃ屋さんの前には水を張った洗面器があり、お店の人がカエルのおもちゃを跳ねさせていました。カエルにつながったポンプを握ると足がぴょこぴょこ動いて、水面を跳ねるのです。私はこのカエルのおもちゃが大のお気に入りでした。値段は100円です！　当時は、菓子屋でお菓子が1円で売られていた時代です。

そんなある日、親戚のおばさんがなんと100円をくれたのです。

「エイジくん、はい、お小遣い。お父さんとお母さんには内緒やで！」

お菓子を買って食べなさいと渡されたお金でしたが、これは、「カエルぴょこぴょこ」が買えるお金だ！　と頭の中はカエルでいっぱいになったのです。

私は、通院のバスでいつも窓の外を見ていたので、商店街への道を覚えていました。もらった100円玉をしっかりと握りしめ、目を輝かせて、家から3キロも離れた商店街を目指し、バス道を歩き続けました。そして、念願の「カエルぴょこぴょこ」をゲットしたのです。帰りもまた、同じバス道を一人、鼻の穴を膨らませ、夕日を背に意気揚々と歩きました。ようやく家の近くに戻ってくると、家の側にはパトカーが止まっており、お巡りさんや近所の方たちからお出迎えされたのです。

もちろん怒られたのだと思いますが、私のお花畑のような頭の中では、ずっとカエルが飛び跳ねていました。

入院していた当時の私は、病気のことも死ぬということも、それほど理解していなかったと思います。

入院先の病棟には私と同じ症状で入院している子どもがたくさんいました。しかし、はじめはたくさんいた子どもが、だんだんと減っていくのを不思議に思い、看護婦さんや親に尋ねていました。

「みんなどこに行ったの？」

「みんな元気になって退院していったのよ」

私はベッドの上で身動きができない状態でしたが、大人たちがカーテンの向こうで泣いているのを聞きました。そして大人たちのウソを徐々に感じ取っていったのです。みんな元気に退院していないのに、なぜ大人はウソをつくんだろう？

「大人のウソつき！」

この時にはじめてつぶやいたことは、よく覚えています。──この「大人のウソつき！」のフレーズは、小学校3年生くらいまで使い倒しました（笑）

小学校に上がるころには、大人のウソの多くは、優しさや思いやりから出ているということに、うすうす気付いてはいましたが、それでもやっぱり、釈然としませんでした。

みんな元気になって退院していないのに、大人は「元気になって退院した」と言う…

運動会のかけっこでビリなのに、大人はみんな拍手をして声援を送り、「エライぞ！　よく頑張った！」と言う…

陰では「あの人は、ああだからダメだ」と言っていた大人が、その当人と話をしているときは、「へぇ〜すごいですねぇ〜」と言う…

また、こうした「ウソつき」以外にも大人に対する不信がありました。

自分より年下の子と遊んでいて、ちょっとしたケガをしたり、物を壊したりしたときに、「お兄ちゃんなのだから」という理由で、なぜか私だけが叱られる…

母が私の少し不自由な足を見て、ぽつんと言う「かわいそうに」という言葉…

「えっ、ボクかわいそう違うし！」

「大人のウソつき！」は、子供心での、何かはわからないが無性に、モヤ〜っとした気持ちから、つい口にしていたフレーズなのです。

低学年の頃は、よく同級生の男の子から私の歩き方をからかわれました。怒って追いかけても追いつけないことが多く、そんなときはその子が教室へ戻ると、教室まで行ってしっかり怒ってやりました。私は、結構力持ちでしたので、たいがい負けませんでした。ただ、私をからかった子たちとは、意外とその後、仲良しになりました。

そんなこんなで小学生生活を楽しく過ごしていたのですが、たとえば友達が私に「コング」とあだ名をつけたりすると、大人、ことに先生は、その友達を叱るのです。

「そんなことは言ってはいけません！　西元くんは足が不自由なだけなのだから」

「えっ、違うのに！」

反論しても先生は聞いてくれません。先生は、私の歩き方をからかってついたあだ名だと思ったのでしょう。しかし、その子は私と仲の良い友達で、私のパワーがキングコング並みだからという理由でつけたあだ名だったのです。―まっ、顔のほうも似ていたのですけどね（笑）

私も友達も困ってしまうのですが、最後には先生に促されるがまま、友達が「ごめんなさい」を言わされるのです。

また、学校の外で遊んでいると

「ダメダメあの子と遊んだら！　病気が移るよ」

などという知識のない、心ない大人からの言葉もありました。私も若干は傷つくのですが、それよりも、大人のくせに何も知らないんだな、とよく思ったものです。

このような大人の勘違いや思い込み、また、無知による言葉には、それがたとえ優しさや思いやりから出た言葉であると感じてはいても、とても困惑しました。そして、「それは、違う」「○○だから○○なのだ」ときちんと説明できずにいる自分が情けなくて、悔し泣きすることが多かったように思います。泣き虫でもあったのかもしれません。

泣き虫と言えば、忘れられない事件がありました。題して「毛糸のパンツ事件」です。今では、可愛い事件だったと笑えるのですが…

ある朝、学校へ行こうとしたら、

「エイジくん、今日はこれをはいて行きなさい」

と、母がオレンジ色の毛糸のパンツを出してきたのです。それは、急に寒くなってきたので、いつも半ズボンで遊びまわる私が風邪をひかないようにと、母が編んでくれたパンツでした。そのオレンジ色は今でも鮮明に覚えています。

「えっ、何それ！　カッコわる〜。女の子のパンツやん！　絶対いやや！」

「大丈夫！　パンツだから誰にも見られないから！」

結局、説得されてしぶしぶ、そのパンツをはいて学校へ行ったのです。

昼休み、いつものように学校の中庭で、池の石の上を飛び移って遊んでいました。何度目かに飛び乗った石の上で少しバランスを崩してしまい、両足を開いてぎりぎり届く石の上に片方の足をなんとか乗せて踏ん張った時でした。

バリッ！

おしりの辺りからイヤな音が聞こえたのです。次の瞬間、周りからの大爆笑！

「アハハッ、エイジくん、毛糸のパンツはいてる」
「オレンジのパンツや！」
「女の子のパンツはいてる〜」

オ〜マイゴッド！　です。私が欧米人なら確実に叫んでいます。すぐにでも隠したいのですが、足を閉じれば池に落ちてしまいます。その後なんとか池の外の芝生にたどり着いてから、あとの記憶はありません。よっぽど恥ずかしかったのでしょう。自分が何を言ったのか、何をやったのか、本当に全く覚えていないのです。

家に帰るなり、母親に食ってかかりました、半ベソでした。

「一生、毛糸のパンツなんかはかへん！　お母ちゃんのバカ！　みんなに見られたワ！」

この出来事で、相当に長い間母を恨みました。母も気まずそうで、申し訳なさそうでしたが、でも、思いっきり笑っていました。

オレが世界征服をすれば、みんなが幸せになる

高学年にもなれば、身体もデカくなり、腕力もついてきました。体力測定では握力と背筋がいつも学年で1・2番、腕相撲も負け知らずでしたから、お茶目で元気な、そこそこの人気者でした。

小学生のわりには、テレビのニュースや、図書館にあった宗教や化学の本に興味があり、周りの子たちよりはちょっと物知りでしたので、よくみんなにいろん

なことを教えていたのです。

　ある時、友達が

「なぁエイジくん、アイスクリームとアイスキャンディーは、どっちのほうが栄養あるか、わかる？」

と聞いてきたのです。あまりに当たり前のことを質問されたので、ははぁ～、これは何かの引っかけやな！　と思い、反対の答えを言いました。

「アイスキャンディーやろ」

「わ～、知らんのや～。アイスクリームは牛乳からできてるから、アイスクリームのほうが栄養あるねんで！」

「そんなことは当たり前すぎる！　知ってるに決まってる！」

　私は友達に言いましたが、通じませんでした。今頃そんなことを知ったのかこいつは…と、ビックリするのと同時に少し悲しくなりました。他にも同じようなことは結構あったのですが、私は、

「みんなあまりものを知らないから、仕方ないな。ま、いいか、ボクが話を合わせておけば」

と考える、上から目線の子供であったと思います。

また、サスペンスや時代劇などのテレビドラマを見て、話の展開を予測し、当てるのが面白くて、いつも一緒にテレビを見ていた祖母に説明していました。

「この人は、こんなことを言っているが、本当は○○だ」

「犯人は、たぶんコイツや！」

すると、いつの頃からか、祖母の方から解説を求められるようになっていました。私が学校から帰ってくると、テレビを見ている祖母に呼ばれ、そのドラマのストーリーの流れを想像し、そして犯人を言い当てるのです。

「じゃあ、この人が犯人で、この悪そうな人はイイ者やで！」

「あ〜そうなんや！　ほんま、エイジくんが教えてくれるから面白いわ」

喜んでくれる祖母が可愛かったです。私は、いつもドラマの途中や終わりがけに帰ってきていたので、たいていは5分ほどしか見ることができませんでしたが、祖母に「この人は○○だった？」と確認しながらあらすじを理解しました。

この頃から、人が人に思いを伝えるためには、まずは相手の話の「なぜ？」をしっかりと聴くことができないといけない、そして、自分の話の「なぜ？」をきちんと説明できないといけないと思うようになっていました。そのためには勉強もしないといけないなとは思いつつ、すぐに遊びに夢中になるおバカくんでした。そんなおバカくんが出した結論が

「オレが世界征服をすれば、みんなが幸せになる」

私は、「正義の味方」を自負する、ちょっとイタい子でした。今思い返すと本当におバカですが、しばらくは本気でこのように考えていたのです。

本書を書くにあたり、私の【**敬聴力**】の起源を思い起こしていたら、3歳までさかのぼってしまいました。「三つ子の魂百までも」ではありませんが、やはり私の考え方は、その頃から育まれたのだろうと思います。その後の中学・高校・大学時代、また社会人になってから経験したいろいろなことも思い出しましたが、自分の中で時効が成立していないことが多く、まだ書くことができません。お恥ずかしい限りです。

今の時代だからこその【敬聴力】

私が生まれた昭和33年という年は、

1月1日　東京通信工業が社名を「ソニー」に変更
5月16日　テレビの受信契約者数が百万世帯を突破
8月25日　日清食品が世界初のインスタントラーメン「チキンラーメン」を発売

9月15日　朝日麦酒（現・アサヒビール）が日本初の缶ビール「アサヒゴールド」を発売
11月1日　特急「こだま号」が東京─神戸間で運行開始
12月1日　警視庁がパトカーを全署に配置
12月11日　1万円札発行
12月23日　東京タワー完工式

とにもかくにも、今では当たり前に存在することの多くがスタートした年だったのです。終戦から13年、戦後の復興から、いよいよ高度経済成長期と呼ばれる時代への転換期でした。ある意味、今の時代の始まりに私の人生もスタートしたように思います。そして、今日まで周りにあるすべてのものが進化し続ける時代を生きてきました。私の生まれる前後の日本の経済や社会は、全く異なるものなのです。

そして何よりも進化したものは、やはりコンピュータやインターネットの技術と環境でしょう。今やＳＮＳ全盛の時代。このＳＮＳは、単に、便利な機械や道具といった枠を超えて、我々の生活環境そのものを大きく変えてしまいました。

今、ネットを覗いてみると、ＳＮＳは次のように形容されています。

○世界中に公開される日記帳
○発言しなくてもいいのについつい発言してしまう場所
○口下手な人たちが、なぜか饒舌になっている不思議な場所
○みんなに見られているのでなかなか本音は言えないが、みんなが見ているからこそ本音を叫んでみたくなる場所

ＳＮＳの普及、特にスマホが出現して以降の、人と人とのつながりは目まぐるしく変わっていっているように思います。そのつながり方の多様性は、物理的・時間的な距離を、もはや世界規模で解消しながら、今も絶えず変化し続けています。周りにあるものすべてが変わっていく時代に生きてきましたが、人そのもの

は、それほど大きく変わった、進化したとは思いません。しかし、このSNSの広がりを支えているのは、やはり人です。SNSの普及を可能にしたものは、間違いなくその技術とインフラですが、人が持つ、「自分のことを話したい」「自分の意見を聞いて欲しい」という欲求が、ここまでSNSを発展させたのです。

本書の「はじめに」でもお伝えしたように、人は、誰かの話を聴くより自分のことを話したい、聴いて欲しい生き物なのです。SNSの普及により、人は簡単に、安易に発信できる環境を手に入れました。誰もが、自分の意見を世界に向けて発信しています。しかし、決してすべてではありませんが、多くの発信者が匿名なのです。そして、多くの人が、その匿名の発信に対して、こちらも、また匿名で賛同したり、批判したりしています。そのため、ますます聴く（教えてもらう）ことが、面倒くさいと思われがちになっていると感じるのです。

繰り返しになりますが、**誰かに何かを伝えるためには、まず、その人の話を聴く**ことができなければ、伝えることは難しいのです。私は、ふと思いまし

た。SNSでの発信がすべて匿名でなくなったら、2チャンネルの多くの書き込みが
「スミマセンでした（汗）今後の投稿を控えさせていただきます」
だらけになり、最終的には2チャンネルそのものがなくなるのかもしれない…。

これは、SNSの匿名性が問題だと言っているのではありません。「違う」を聴くことに我慢できない、もしくは、恐ろしいとさえ感じてしまうことが問題だと思うのです。人は、話したい・聴いて欲しいという欲求はあっても、それに対する「違う」を聴くことは求めていないのです。本当に今の時代は、一昔前と比べると個人の発信力が驚異的に強くなっています。それと反比例するかのように、聴くこと、聴く力が弱まっているのではないかと不安になります。

そんな時代だからこそ、私は、**【敬聴力】**を提唱するのです。

これまでは情報過多の社会と言われていても、多くはメディアからの情報といった、ある種、一方通行での情報でありました。しかし、今日のようなSNSが

普及した環境の下では、検索をするだけで、自分の必要とする情報を知り得てしまいます。また、ラインなどでのやり取りも誰もが簡単にできてしまいます。一見すると、双方向での意見交換ができているようにも思えますが、私には、何やら違う気がするのです。一定の文字数、仮に長文であっても、文字による情報交換だけでは、本当の思いや考え方を伝えることは、非常に困難であり、半ば不可能だとさえ言えます。

このような私の懸念は、すでに現実の問題になっています。それは、「便利屋」と呼ばれる代行業務を行うサービス業者に、「レンタルフレンド」や「リア充アピール代行サービス」というメニューが出てきたことです。

「レンタルフレンド」は、友達役として派遣されたスタッフと一緒に映画やスポーツ観戦、買い物などに行くのです。

「リア充アピール代行サービス」では、SNSに載せるためだけに、カラオケやボーリング、お花見など複数のシチュエーションに合わせて何回かの衣装替えまでして写真を用意するのです。

実生活での充実っぷりを演出して、SNSの世界でアピールするのです。「いいね」の数に幸福感を覚える？　これも「自分のことを話したい」の一つなのかもしれませんが、正直、絶対に何も伝わらないと私は思います（涙）

今、SNS抜きでの生活を想像してみると、私も大変に不便を感じます。また、楽しみも半減するようにも思います。SNSは、本当に便利で素晴らしいものです。ただ、それを使う側の人間も、ある意味進化しないと、逆に生きるのが難しい社会になってきていると思うのです。フェイスブックやツイッター、インスタグラムなどを通じて何万人、何十万人、何百万人という繋がりができる時代だからこその**【敬聴力】**なのです。例え5人でも10人でも、たった一人でも良いのです。**【敬聴力】**を意識したコミュニケーションから繋がる仲間が必要だと思うのです。

孫たちが働ける場所を日本に残したい！

小さい時からちょっと上から目線で生意気なところがあった私ですが、今でも自分のことを「わがまま・傲慢・優しい」と表現することがあるので、やはり生意気な性分だと思います。なので、人の話から「学ぶ」「教えてもらう」などということは、あまり考えたこともありませんでした。人に教えること、相談に乗ることが得意で、俺に任せとけ！　といったタイプです。いわゆる兄貴肌なのです。しかし、本当の私は、それほど兄貴肌ではありません。ただ、見た目がアレなので、おのずとそれらしく振舞わないとダメかなぁ…と行動してしまうのです。

まぁいずれにせよ、「教えてもらう」を意識して人と話すことはありませんでした。そんな私が**【敬聴力】**を提唱し、かつ人の話から「教えてもらう」を意識することに取り組むようになったのは、つい10年ほど前のことです。

私が孫と公園で遊んでいた時に、ふと思い出したのです。

「そういえば、昔はよく『誰のためにならら命を懸けられるか、誰のためになら死ねるか』を考えていたよな」

そしてその時、目の前で可愛らしく走り回る孫を見て、

「このおチビさんのためなら…」

しかし、その後の言葉が詰まったのです。

「…『死ねる』ではないよな、このおチビさんのために『**生きる**』だよな！」

こう思った途端、孫たちが大人になったときのことを考え始めたのです。


私の仕事は、中小・小規模企業の困り事を解決することです。そして、私のところに持ち込まれるそれらの多くが、すでにあちこちでの相談を経て、「もう限界」といった段階に至っています。ちょっとした駆け込み寺的な仕事なのです。

もともと私には鷹揚なところもあるので、特に積極的にお客さんや顧問先を増やそうともせず、「来る者は拒まず、去る者は追わず」のスタンスでした。なの

で、同業者の横の繋がりについてもさほど考えることなく、普通に仕事をこなしていたのです。

たとえ駆け込み寺であっても、

「それでも良い！　感謝もされるし、みんなの役にも立っている」

そう思っていました。相談に来られた会社のお手伝いをさせてもらい、その会社が継続できることで十分だと思ってきたのです。

日本の未来や次の世代のために何かを残さなければ！　などとは、正直思いもしていませんでした。

しかし、孫を目の前にして改めて、私が関わる中小・小規模企業の困り事や相談事、そして何よりも急激に減少していっている企業の数（年間10万社近く）が頭に上り…アカン！　マズイだろ！　このまま進めば、この子らが大人になったとき、日本には働く場所もなくなるかもしれない！　と急に不安になったのです。

私は、今はそこそこ仕事もできて、おそらくこの先も食べていくには困らないだろう。でも、私の今の仕事のやり方では、大してお金も残らない。このままの状態で私が頑張ったところで、当たり前の話ですが、日本の未来が変わるようなことはないのです。

これからの日本の未来と言ってしまうと大袈裟なので、せめて私の孫の代が働ける場所を日本に残したいと思うようになったとき、まずは横の繋がり、仲間を作らなければと思ったのです。

知的資産経営サポートセンター

私は、私の所属する大阪府行政書士会の部会メンバーに、私の考えを話してみました。

「『知的資産経営』という経営手法で小規模企業の支援をするセンターを作りたい」

「おぉ～、それはいいね！」

賛同は得られたので、まずは「知的資産経営サポートセンター」という看板を私の事務所に掲げました。しかし、皆個々に仕事もあり、仕事のやり方や考え方も違うので、実際には、これまでと変わらずの仕事をこなしていました。

その頃、現在ＩＡＰ協会で専務理事を務める行政書士のＮ君に、これまで私がしてきた業務を教えていました。許認可業務における窓口対応、経営支援の手法、企業間トラブルへの対応、セミナー講師としての講演ノウハウ、知財に絡む問題解決や提案、などなどすべてです。

このＮ君と、大阪府行政書士会の部会メンバーであり現在ＩＡＰ協会で副理事長を務めるＡ君、そして同じくＩＡＰ協会の事務局長を務めるＳ君が知的資産経営サポートセンターの仲間となったのです。ここに私を含めた４人の行政書士でサポートセンターを再始動しました。

この頃から、他の士業やコンサルタントの方たちとの横の繋がりを持とうと本気で動き始めたのだと思います。私が、これまで行ってきた小規模企業の支援の手法を理解し、共にやってくれる仲間を作ろうと思ったのです。しかし、私が声をかけた親しい士業やコンサルタントの方たちは、私の考え方や手法に賛同というより、むしろ感心して素晴らしいとは言ってくれるのですが、

「でも、自分らにはまだ先生みたいにはできない」

と続くのです。

私は、これまで「他者ができるなら自分もできる、自分ができるなら他者もできる」という気持ちがありました。もちろん、私が何でもできると言っているわけではありません。特異な才能や技能などを持つ方もおられますから。ただ、私のやっていることは、決して特別な才能やスキルはいらないのです。ただ、相談に来られた方の話を聴いて、解決するための方法を一緒に考えるというだけなのです。なので、やり方や方法をしっかり教えれば、誰でもできるし、慣れや経験で上達すると思っていたのです。

そこで私は、改めて事務所の仲間や他の士業、コンサルタントの方から、各々の考え方、やり方、目指すものなどを聴かせて（教えて）もらいました。すると、やはりみんな違うのです。確かによく似た内容の話であっても、よくよく聴

いてみると細部では微妙にニュアンスが異なるのです。

孫たちのために！　未来の日本のために！　そう考え始めて、全国に広がる横の繋がりを夢見て、まずはすぐ近くの横の繋がりを作ろうと思って気付いたのです。

聴くためのテクニックや技術だけではダメ！

人の話や行動をよく見て、他者より早く分析できるだけでもダメ！

本当に応援してくれる仲間や横の繋がりを求めるのなら、その人たちから「違う」を教えてもらうことを肝に銘じて耳を傾ける、「なぜ?」を聴くことができる力が必要なのだと。それが**【敬聴力】**だったのです。

それまでの私は、「同じ」を探してこそはいませんが、どちらかと言えば、他者へ私との「同じ」を教えることがいいことだと思っていました。イヤな言い方をすれば、私の「同じ」を他者に押し付けていたのだと思います。私が**【敬聴**

力】を意識して、横の繋がりを求め始めてから、多くの方たちからの「違う」を心掛けて聴くこと、その「違う」理由を教えてもらうことが大切であると思い始めてから、「共感＋応援」による仲間やファンが増えたと思います。本当に多くの仲間が全国にできました。

私は、みんなが**【敬聴力】**を意識できれば、良い社会、良い未来に繋がるのだと信じています。世の中「同じ」を求めるばかりでは、争いが起こります。「違う」があることを認めれば、繋がりが生まれると思うのです。

以前、N君からこんなことを言われました。

「先生は、偽善者ですか？」

「オイオイ！」

と返事しつつも、思ったことがあります。「優しくて親切」と言われることを、自ら望んでそうしているなということです。

「先生、何でそんなことがわかるのですか？」
「私、先生にそんなこと話したことありました？」
「ほんとうに何でも知っていますね！」

などとよく言われるのですが、これは**【敬聴力】**によるものではありません。少しカッコよく言えば洞察力、あるいは分析力、平たく言えばパズルを組み立てるような思考が働いているだけなのです。私としては「人の話をよく聴いている」「よく見ている」くらいの意識でした。

私が、皆が気付かないはず、わからないはず、と思っていることを言い当てるのは、たぶん、子どもの頃から周りの大人たちの会話の中にある真意や背景を気にし、その延長で映画やドラマの前振り、設定などから先の展開を予想することが大好きだったからだと思います。正直、私は「エエかっこしぃ」なので、周りの人から「すごいですね！」「よく分かりますね！」と言われることが結構気に入っていました。つまりは、自分をカッコよく見せたくてしていることだから、偽善と言えるよな！　と気付きました。
じゃあ、オレは「わがまま・傲慢・優しい」でいいか！

私の提唱する**【敬聴力】**の根源は、やはりおチビの頃からのちょっとイタい正義の味方！　があると思うのです。そして、大人になればなるほど、正義や、人の想いというものが実に複雑であることを知るのです。
中嶋みゆきさんの「命の別名」の歌詞に

たやすく涙を流せるならば
たやすく痛みもわかるだろう
けれども人には
笑顔のままで泣いてる時もある

すごいなと思う一節です。

今でも、私の「わがまま・傲慢・優しい」は、相変わらずです。それもあって良し、「エエかっこしぃ」のための偽善であっても良し、なのです。

3章

「報・連・相」は逆?

「報・連・相」の本当の意味

「報・連・相」とは、ご存じの通り、報告・連絡・相談を略した言葉です。この「報・連・相」は、職場での業務の停滞や行き違いの対策として重要視され、多くは新入社員研修などで、「上司に対する社員としての義務や心得」として紹介されています。しかし、本当にそうなのでしょうか？

章タイトルの「『報・連・相』は逆？」とは、実際の現場で「報・連・相」が求められる人は、本来は逆なのではないかということです。

ビジネスマナーの研修などで、「報・連・相」の基本は次のように紹介されます。

報告

○報告の前に上司の都合を確認する
○指示を受けた上司に直接報告する
○重要な報告はすぐに行う
（遅れると仕事に支障をきたす）
○上司はまず結果を知りたいので、結論を先に伝える
（できなかった言い訳は不要）
○事実と憶測、意見は別々に報告する
（一緒に報告すると、上司の判断を誤らせてしまう）
○上司は全体を見渡し次の段取りを考えているので、こまめに報告する
○手違いや間違いについては、特に素早い報告が求められる
（以後のミスやトラブルを最小限にとどめるため）
○報告の際にメモを持参することを習慣化しておく

連絡

○連絡は、原則的に事実だけを伝える
（個人の憶測や願望を盛り込まない）
○連絡を伝える順番を意識する
（上司にとっては、情報の優先順位が重要な場合もあるため）
○社内連絡は、内容に関係なく全員に伝える
（一人でも連絡漏れがあると、人間関係がギクシャクすることがある）

相談

○業務で疑問が生じたら、その都度上司や先輩に相談する
○その業務の指示を受けた上司へ最初に相談する
○上司への提案的な相談では、根拠となるデータや裏付けを用意する
（「改善策」・「修正案」であるなら文書でまとめてから相談する）

以上のように「報・連・相」は、部下から上司へのそれらを円滑に行うために何を準備しておくのか？　どのようにすべきか？　といった義務や心得として示されています。また、「報・連・相」を行う際の上司への言葉使いなどが書かれたマナー本まであります。

「報・連・相」を、単にビジネスマナーとしてだけで捉えれば、確かに、これらのことを心掛ければ良いのかもしれません。しかし、実際の現場から聞こえる「報・連・相」に対する意見は、次のような内容が多く見受けられるのです。

「上司へ報告すると、『うん』と返事は返ってくるがただそれだけで、むしろ迷惑のようにも思えて報告がしづらい」

「社内連絡については、相手がすでに知っていたということがちょくちょくあるので、あえて連絡すべきかどうか悩む」

「上司への相談や提案は、『わかった、考えておく』の返事ばかりで、結果を聞くことは滅多にない」

はてさて、この「報・連・相」に対する真逆ともいえる意見は、話す側である部下、受ける側である上司、どちらに問題があるのでしょうか？

ビジネスマナーとしての心得も、実際の現場の人の言い分も、基本的には間違っていません。ただ、どちらの場合も、「聴く」「教わる」といった受ける側の技術・心得が忘れられているように思うのです。「話す側に伝える技術さえあれば、話は伝わるものだ」という前提で「報・連・相」を捉えているのです。それでは社内での意思疎通がスムーズにはならないのです。

もし、「報・連・相」が社員の果たすべき義務としてだけで推奨されていて、その徹底を目指す会社があるとすれば、社内での業務の停滞や行き違いは逆に多くなるのではないかと思います。それは、本書の「はじめに」でもお話しさせていただいたいた通り。

相手の話を聴くとき、自分の聴きたいことだけを聴いてしまっている
自分の言いたいことをしっかり相手に伝えることもできていない

これと同じことが職場でも言えるからなのです。特に、担当業務が分かれていて、各部署にそれぞれ責任者と部下が配置されているような職場であれば、この「聴きたいことだけを聴く」「しっかり伝わらない」は、確実にあると言えます。

私の提唱する**【敬聴力】**の理屈からいうと、「報・連・相」が有効に機能するためには、話す側ではなく受ける側、つまり上司のほうに**【敬聴力】**が、すでに備わっていることが絶対的な条件となります。

上司から部下への「報告・連絡」は「指揮・命令」であり、「報・連・相」で言われる報告・連絡とは異なると思われてしまいがちです。結果、「報・連・相」としての心得や能力が、下へ下へと求められ、最も求められる層が、いわゆる一般社員・新入社員となってしまっているのです。このような組織の構造や考え方から、「報・連・相」は、ややもすると、一般社員の「自発的な情報伝達能力」を強化するための「しつけ」として捉えられているのではないかと私は考えます。そして、「伝える技術」を磨くことが「報・連・相」の目的となったようにも思われるのです。

そもそもこの「報・連・相」は、1982年に山種証券社長の山崎富治氏が社内キャンペーンで始めたことが広く知られています。山崎氏は、風通しの良い職場環境をつくるための手段として「報・連・相」を勧めているのであって、部下の努力目標としたわけではありません。ましてや「しつけ」などではなかったのです。

私は、山崎氏の求めた「風通しの良い職場環境」をつくるためには、「伝える力」ではなく、「聴く力」を第一の問題点と捉えるべきだと思うのです。山崎氏は、聴く側が常に「同じ」ばかりを聴きたがることが問題なのだと訴えていたのだと思うのです。「同じ」ばかりを聴きたがる、いわゆるイエスマンばかりを配置する縦の構造に問題があるのだと。

こう考えて、今日使われている「報・連・相」は、本来とは逆の意味になっているのではないのか、と思い至ったのです。もちろん、逆といっても上司が部下へしっかりと報告・連絡・相談をしなさいということではありません。伝える側にばかりその技術や能力を求めるのではなく、聴く側が**【敬聴力】**を身に着けることこそが、「報・連・相」に最も必要な取り組みであるということなのです。

また、「報・連・相」はよく「組織の血液」に喩えられます。血液がうまく循環することで、人間関係での誤解やトラブルの解決への糸口をつかむことができるのです。そして、その糸口から「気付き」が生まれ、その「気付き」からイノベーションや新たな取り組みが生み出されています。

会社組織で「報・連・相」を実践する際、まずは経営者が幹部役員の「違う」を聴く（教えてもらう）ことから始めましょう。そして、幹部役員が中堅社員の「違う」を聴き、中堅社員が現場リーダーの「違う」を、そして現場リーダーが一般社員の「違う」を聴くのです。

この聴く側が**【敬聴力】**を発揮できてこそ、「報・連・相」が会社組織の血液として澱むことなく循環し、「風通しの良い職場環境」がつくられるのです。

ＩＡＰ協会の「報・連・相」

　ここで、私が理事長を務めるＩＡＰ協会の**【敬聴力】**と「報・連・相」について少しお話しさせていただきます。

「報・連・相」のためには、まず、ＩＡＰ協会のトップである私が、副理事長、専務理事あるいは事務局長から「違う」を聴かなければなりません。たとえば、本書の執筆に際して、「読んでみてくれ！」とラフの原稿を渡すと、誰もが「はい、はい」と返事だけして後回しにするのです。みんな、仕事が忙しいのだそうです。「後で読んでおきます」とは言ってくれますが実際にはなかなか読んでもらえません。それでもしつこく私が「読んでみてくれ」攻撃を繰り返すと、やっと、しぶしぶですが読んでくれます。

　ここからが、「違う」、つまりダメ出しのオンパレードなのです！

「良いことは書いているのですが書き方が…」
「これでは読者には全く伝わらないですよ！」
「これはダメでしょう！」

遠慮がちなダメ出しから完全否定まで、それはたくさんの指摘を受けるのです。正直、「くそ〜、悔しいのぉ〜」とムッとはするものの、私の経験やモノの見方とは違う視点や角度からの指摘でありダメ出しなので、新鮮で結構楽しくもあります。

とは言え、指摘されるがまま素直に書き換えようとはなりません。ーわたくし、**基本わがままですから（笑）**

執筆以外の仕事でも、ＩＡＰ協会での私とメンバーとのやり取りは、似たようなものです。本当によくお互いへのダメ出しが飛び交っています。立場に関わらず、ダメ出しのできる職場なのです。

ＩＡＰ協会の話では、「報・連・相」については大した参考にならなかったかもしれません。ただ、手前味噌ですが、これが私の**【敬聴力】**なのだと思っています。メンバー個々の性格やタイプに応じて業務を任せ、それがうまくいっているとの自負があります。IAP協会には、そもそもが、縦のラインというものがないのです。私が目指すIAP協会の姿は、横のラインで全国へ広がる組織なのです。小規模企業の伴走者となる支援者たちが全国で誕生すること、そのネットワーク環境を作ることが、きっと日本の未来を良くするのだと単純に信じているからです。

星野リゾートの「報・連・相」

では、もう少し皆さんの参考になると思われる事例を使って、**【敬聴力】**と「報・連・相」のお話しさせていただきます。

あの「星野リゾート」についてのお話です。星野リゾートといえば、言わずと知れた星野佳路《ほしのよしはる》氏が率いるリゾート運営会社で、その躍進ぶりはテレビをはじめ多くのメディアで紹介されています。

星野氏は、「会社がその土地や建物を所有し、運営する」というのが当たり前の、日本のホテル経営スタイルに対する疑問から、家業であった創業100年の旅館業を、運営分野に特化し、企業ビジョンを「リゾート運営の達人」とする運営管理会社「株式会社星野リゾート」へと、業態変更したのです。

一般的に星野リゾートのすごさとして注目されたのが、2001年に1ホテルであったのが2015年には35ホテルへと成長したことや、年商が、2008年の229億から2015年には約2倍の441億となったことなどの躍進ぶりです。しかし、本当に注目すべきは、2005年7月に開業した「星のや 軽井沢」をはじめとするすべてのホテルを自社での所有とせず、その運営に特化した経営手法そのものにあるのだと思うのです。

中小・小規模企業でホテルのような大きな土地や建物を所有するということは、すなわち多額の借金を抱えるということです。そして、ホテル経営では、その運営ノウハウがいかに素晴らしくても、自然災害、あるいは鳥インフルエンザや狂牛病などの感染症の発生による影響、また、同業者の新規参入などの外的要因によるリスクがあります。

もちろん、このようなリスクはホテル業に限ってのことではなく、また、そのトラブルへ上手く対応していくことが、経営者の手腕だとも思います。しかし、現実問題として、ホテルのような大きな資産を維持する費用や、万が一の場合の建て替えや修繕の費用を常に準備しておくことは、中小・小規模企業では、不可能と言えます。

そこで、所有は資金力のある大きな企業に任せ、自社においてはそのノウハウを活用した運営管理業務へ特化した星野氏のスタイルは、まさに中小・小規模企業が参考とするべき業態転換の見本であると思うのです。

ここからは、星野リゾートと**【敬聴力】**、「報・連・相」を関連づけてお話しさせていただきます。

星野氏は次のように語っています。

スタッフは労働力ではなく、皆がクリエイターであり、そのクリエイターとしてのスキルを引き出す環境や仕組みをつくることが、経営者の仕事である

これはまさに私が提唱する**【敬聴力】**です。**【敬聴力】**が、経営者としての資質であり、継続的な企業経営の根幹となる力であるのです。この星野氏の理念は、ただの掛け声やお題目ではなく、実務・実益として、星野リゾート成功の源泉にもなっているのです。

星野氏は、ホテルの運営スタッフの多くに、その土地で生まれ育った人、その土地で暮らしている人を採用するそうです。そして、その地域だからこそ経験できる、体験できることを、彼らの子どもの頃からの経験を通して聴く（教わる）のだそうです。この企画会議は、相当に頻繁に行われていて、探検ツアーのプランや陶芸体験、川遊びなどのアクティビティな企画がそこから生まれたそうです。この企画力こそが、単なる宿泊施設としてのホテルではなく、その場所・空間を生かした地域リゾートとしてのホテル運営を可能にしているのです。

ホテル業界では、「ホテルの収益＝客室数×宿泊代」というのが限界利益だとされていました。しかし星野リゾートでは、宿泊客が宿泊代以外にその地で使うお金も収益とすることができると考えたのです。そこで、その場所・空間でしか経験できないアクティビティをホテル側から提供することにしたのです。もちろん、これもホテル同様、企画・運営に特化し、施設の所有は別企業です。つまり、自社でアクティビティ企画をその場所につくりだすことで、地域の活性化を図れるばかりでなく、事業の収益力強化にもなると考えたのです。

星野氏は、確かに優れた経営者であり、まれに見る経営センスを持たれた方です。しかし、この星野氏や「星野リゾート」を支えている力は、まぎれもなく社員・従業員の持つ「知恵・工夫・経験」であり、それを聴き出すことのできる星野氏の**【敬聴力】**なのです。経営者にこの**【敬聴力】**があってはじめて、組織としての縦と横における「報・連・相」が機能するのです。

【敬聴力】を使って職場改善！

最後に、ＩＡＰ登録コンサルタントが【敬聴力】を用いて支援した事例を、簡単に紹介させていただきます。

焼肉店を経営するＡ社の事例です。Ａ社は、飲食の業態を始めて18年目の会社で、その焼肉店は決して老舗ではありません。しかし、創業10年目くらいに、あの２００８年のリーマンショックの影響をもろに受け、それを乗り切ったお店なのです。

Ａ社は、バブル崩壊後の、経済がようやく落ち着き始めた頃に焼肉店を開業しましたが、その開業間もなく、ＢＳＥ（狂牛病）問題が世間を騒がせました。焼肉店であるＡ社には致命的な問題でしたが、より安全な仕入れ先を厳選し、Ａ４ランクの商品力を保つ経営努力でなんとか乗り切り、業績も順調に伸びていきました。その矢先のリーマンショックだったのです。まさに、一難去って、また一難。リーマンショック後は、他の飲食店の類に漏れず、急激な売上の減少に苦労されたそうです。

当時、このリーマンショックを受けて、ただでさえデフレに傾いていた飲食店業界では、一気に低価格競争に拍車がかかりました。その中で、もともと商品力の高さが売りの経営スタイルであったA社の焼肉店は、いわゆる高級焼肉店であり、最も生き残りが厳しいお店だったと言えます。しかし、社長による仕入れ形態の大胆な変革などにより、そのスタイルを維持したまま、当時の価格競争に勝ち残ったのです。その後、店舗の規模も徐々に大きくなり、創業当時は10席そこそこだったお店が、今では200席を超える繁盛店となっています。

社長のポリシーは、「創造・変革・挑戦」だそうです。

私どもIAP登録コンサルタントのCさんが、A社に支援に入らせていただいたのは、社長がこの改革に成功したあとのことでした。なので、

「IAP登録コンサルタントの素晴らしい提案で、A社は見事V字回復を果たしました！」

という華々しいお話ではありません。
店舗の規模が大きくなって地域でも有名な焼肉店となり、それに伴い従業員の数も大幅に増員されたこの頃、社長はあることに心を痛めていました。それは業績云々ではなく、従業員の定着率の低さと、職場内での意思疎通が以前に比べてなんとなく希薄になったと感じられることでした。

「職場に笑いがなく、ギスギスとした空気があるように感じられてならない。原因について考えてみても特にこれといって思い浮かばず、給与などの待遇面は、好業績のおかげで昔より明らかに良くなっているので、それが原因とは考えにくい。このような状況をこのまま放置しておくと、近い将来、お店の運営・業績にも大きな問題が発生するかもしれない…」

そんな不安から、Cさんのもとへ相談に来られたのです。
Cさんが、まず、会社の経営状況を聴いたところ、確かに売上も利益幅も好調に推移しているようでした。次に、創業からの経緯を聴き、その創業には、社長の右腕である部長の存在が欠かせなかったことを知りました。そしてその上で改めて、社長が職場での意思疎通が希薄になったと感じる理由、「なぜ？」を聴かせて（教えて）もらいました。

社長は、「肉の総合商社をつくりたい」という発展形態の構想を持っており、A社の今後のコンセプトについてなど、ミーティングを重ねていたそうです。

「自分はこういったお店を目指している！　お客さんたちに喜んでもらうために〇〇をやりたい！」

「なるほど、素敵なお店ですね！」

お話を聴いてCさんも感心したそうです。ところが、何度ミーティングをしても、社長の構想に対して、誰からも何のリアクションもないのだそうです。結果、ミーティングは部長と今後のスケジュールを詰めるだけで終わってしまい、具体的には何も変わらずに通常業務が行なわれているのです。このことから、「なんとなく職場での意思疎通が希薄になったと感じる」ようになったということとでした。

「社長は誰からの声を聞きたいのですか？」

「それは、バイトも含めた従業員全員からの声が欲しいですよ！」

「なるほど、確かに全従業員からの意見が聴けると良いですよね。ところでミーティングは、全員でされているのですか？」

「いや、部長と店長と私の３人です」

厨房やホールでのシフトの関係もあり、毎回幹部３名で、打ち合わせを兼ねてミーティングを行っているとのことでした。現場の従業員からの意見はどうやって聴くのかというと、次回のミーティングまでに出すようにと指示を出しているとのことでした。

「従業員からの意見や提案は、全く出てこないのですか？」

「ん…職場の現状維持を支持する部長からの意見はいつもの通りだし、現場での作業における大きなトラブルはないという店長からの報告からも、特段に今すぐ解決すべき問題はないと思う」

そして、社長は現場の改善策の一つとして、「報・連・相」についての教育セミナー実施を検討しておられたそうです。

Cさんは、部長と店長からもお話を聴くことにしました。部長は創業からの社長のパートナーであり、店長は社長と共にリーマンショックからの立て直しを行った幹部であります。

まず部長に、現場の問題点、その改善優先順位や、部長が考えている会社の未来、方向性、部長が思う上司と部下の関係、そして、社長の仕事とは何か、店長の仕事とは何か、をヒアリングしました。

「上品質な商品を提供することが店への信用となり、良いものを出せば、店は繁盛する。また、接客を通じて常連のお客さんをつくることがお店の継続に繋がる」

部長は、自分が今の焼肉店を作り上げたという自負心が強く、自身が陣頭指揮を執っていた創業時のA店は、とにかく商品の質だけで勝負していたということを熱く語られたそうです。当面は現状維持でお店を回し、強いて課題を挙げるとしても、原価管理の徹底と広告宣伝費の見直しくらいだとのことでした。

次に、店長からも同様にヒアリングしました。店長の考えはこうでした。

「広告宣伝費を多少多くかけてでも、まずはお店を知ってもらうことが第一であり、社長の目指す『肉の総合商社』となるためには、積極的な営業が不可欠だ」

両者へのヒアリングではっきりしたことは、2人とも社長を信頼しており、A社が好きで、将来に向けてもっと成長すると信じていたことです。

Cさんは両者へのヒアリングの際に、社長が危惧されている「従業員の定着率の低さ」についても意見を聴かせていただきました。部長の考えでは、

「今のご時世（若者の資質）が主な原因であって、特段、お店側の問題ではない」

そして店長はというと、

「基本は辞めていく人の能力の問題で、優秀なメンバーが残れば問題ない」

との見解でした。部長と店長、お2人の考えは共通していたのです。また、お互いのことをどう思うかについても聴いてみました。これに対する両者の回答も

やはり同じで、

「年齢もタイプも違うので、相手の仕事には特に口を出さないようにしている」

これにはCさんも、お2人の意思疎通についてかなり不安を感じたそうです。

お2人の間で「報・連・相」を全く実践できていないということです。

2人ともお互いの業務を経験したことはあるのですが、当然、違う時期に経験したものですから、客層も接客スタイルも違います。座席数やアルバイト人数など、お店の規模も異なる環境での経験なのです。つまり、現在お互いが行っている業務については、よく理解し合えていないということです。

Cさんは、お2人の考え方、お店に対する思いに大きな違いがないということを双方にお伝えしてみました。すると部長の口から
「一番改善すべきは、自分たちの関係改善かな？」

という言葉が出てきました。そして、店長からも
「そこが、改善すべきことだと思う！」

社長が改善策として検討しておられたのは、現場従業員への「報・連・相」教育でしたが、結局、A社の問題点の改善優先項目は、幹部である部長と店長の確執だったのです。確執と言っても、覇権争いや足の引っ張り合いのようなドラマチックなものではないですよ！　ただ単にお互いに、「気が合わない」「できれば話したくない」といった程度のものです。

このような幹部クラスの社員間でのすれ違いによる意思疎通の希薄化は、一定の業績をあげている中小・小規模企業でよく起こる問題です。しかし、これを解決すべき問題であると当事者が気付き、口に出して言える企業は、本当に限られていると思います。

A社はこの問題に気付き、改善に向けての取り組みを始めることができました。ただ、それも**【敬聴力】**を持ったCさんが加わったことで、具体的に表面化されたためだと言えます。実際、A社の幹部2人の間で意思疎通はほとんど図れておらず、この後、2人の関係が改善されるまでには1年ほどの時間がかかったそうです。

　そして、2人の関係改善後からは、A社の空気が大きく変わっていきました。部長は、店長が営業や広告宣伝にばかり気を取られているということはなく、創業当初からのお客さんを第一にという思いもしっかりと受け継がれていることに気付いたそうです。むしろ、幹部として会社の業績（特に経費関連）にばかり目を向けていて、現場のお客さんや従業員を見ていなかったのは自分かもしれないとまで考えられるようになったのです。

　そして店長も、「能力のないメンバーはいらない」という考えから「従業員が能力を発揮できる環境をつくることも重要だ」という気付きがあったそうです。そこで店長はCさんに、スタッフを育てるためのカリキュラムづくりを依頼しました。

　Cさんは「教育訓練カリキュラム」の作成に着手しました。ところが、店長からの聞き取りでカリキュラムを組み立てようとしても、これがなかなかうまくいきませんでした。そこで、現場の従業員から意見や提案を聴き、それらを中心に完成させたのです。それを見た店長の

「みんなの能力を引き出せていなかった…」

というつぶやきを、Cさんは印象的に覚えているそうです。

その後A社は、スタイルの違う焼肉店、「イタリアン肉バル」を新たにオープンさせました。

「このお店のオープンに向けて一番の原動力となったのは、従業員全員がA社を「自分のお店」と考えるようになったことだ」

と社長は言います。

A社では、新店のオープンをはじめ本当に多くのイベントが、社長発信や従業員発信で、毎月のように企画されるようになったそうです。全体の雰囲気が明るくなり、業績も過去最高を更新し続けているとのことです。そして、社長の目指した「肉の総合商社」は、新店のイタリアン肉バルをパッケージモデルとして、全国展開を目指すこととなり、現在では、既存の店舗ではありますが、焼肉店13店に商材を卸しているそうです。

Cさんは、企画提案はそんなにしていないと言っていました。ただ、当初は幹部からのみ行っていたヒアリングを、現在では新店を含むA社の全従業員から定期的に行っているそうです。

そして、Cさんが社長から言われて最も嬉しかった言葉が、「Cさんが来てくれて、従業員の『気付き』が本当に増えたよ！　なにより、部長、店長が変わったことに驚いているよ！」だそうです。Cさんは、**【敬聴力】**を使った職場改善のサポートを「コンディショニングサポート」として、今後も取り組んでいくと頑張っています。

やはり「報・連・相」は、**【敬聴力】**があってこそうまく機能するのだと思います。

まずは、社長・幹部が**【敬聴力】**を意識することで、職場の雰囲気、従業員の意識は変わります。どんなに優れたスキルやセンスを持った経営者さんであっても、それはたった一人の「知恵・工夫・経験」であり、みんなの「知恵・工夫・経験」には決して及ばないのです。「三人寄れば文殊の知恵」ではありませんが、**【敬聴力】**を意識することで、多くの「知恵・工夫・経験」が経営に生かされ、職場が変わります。その職場で、共に働く仲間としての「共感＋応援」が生まれるのです。

中小・小規模企業で、従業員の意識が変わるということは、間違いなく業績に直結します。**【敬聴力】**による意思疎通、人と人との繋がりがあってはじめて、「報・連・相」も本当の意味で機能するのです。

4章

【敬聴力】コンサルティング

「教えてもらう」専門家になる

私は【敬聴力】でのコンサルティング手法を「伴走型支援」と呼んでいます。この「伴走型支援」とは、ＩＡＰ協会のメンバーであり、特別理事の立石裕明が、その草案から制定・施行に至るまで、民間出身のキーパーソンとして深く関わった「小規模企業振興基本法」・「小規模支援法」に謳われている経営支援のあり方についての名称です。

私と同業の、「先生」「コンサルタント」と呼ばれる、小規模企業の経営支援を行う人たちの多くが、どうしても頭に

これまでの経営のやり方を見直すための指導をしなければ！
目新しい経営スタイルを教えなければ！
売上を伸ばす新商品や売り方を提案しなければ！

という思いがあります。それゆえ、経営者さんに「指導する・教える・提案する」スタンスで取り組んでしまいがちです。しかし、当然のことですが、その会社の仕事内容・業界に関しては、その会社の経営者さんの方が間違いなく専門家であり、プロなのです。そして、私たち経営支援を業務とする者は、その道の専門家でありプロです。

私たちが同業者であるコンサルタントに支援の手法やあり方を教えるのであれば、「指導する・教える・提案する」でも良いのですが、会社経営のお手伝いや支援をする場合は、まずは、**「教える」のではなく、「教わる」**でなければダメなのです。私どもＩＡＰ協会が目指す「伴走型支援」の専門家とは、**「教えてもらう専門家」**なのです。

そのために身に付けるべきスキルは、経営者の話を敬って聴く力の意味から、**【敬聴力】**です。この**【敬聴力】**をもってお話を聴いて初めて、その会社の「強み」「宝もの」に気付くことができると思うのです。そして、**【敬聴力】**を身に付ければ、相手との信頼関係がより築きやすくなります。一緒にやる仕事

が楽しくなります。面白くなります。また、

世の中には違った考えがあっていいのだ！　むしろなくてはならないのだ！　違った生き方や価値観があるからこそ、楽しいのだ！

と思えるようになります。

【敬聴力】で経営が変わる

ある時、提携先の会計事務所から連絡があり、個人でエステサロンを経営されている方からの相談を聴くためにそのエステサロンにお伺いすることになりました。

私は、個人経営者からの相談の場合、できるだけ先方の仕事場へ出向くようにしております。法人の場合は、当方の事務所へ来ていただき、決算書などの書類

を拝見しながらのご相談となります。しかし、個人経営者の場合、一概には言えないのですが、確定申告書を見ても事業の内容がよくわからないということがあるので、実際の作業を拝見した上でお話を聴かせていただくのです。

このエステの代表者・Sさんからのご相談は、ご自身が20年の経験を経て開発した独自の美容技術が、実は、いま「両刃の剣」となって困っているというものでした。

Sさんの開発した美容技術は、これまでの技術の5倍以上の期間、効果が持続するため、顧客の次の来店までのスパンが長くなってしまうのです。お客さんには喜ばれるので強みでもあるのですが、店側の売上を考えると弱みでもあるのです。効果が高い分、他店と比べると数倍の技術料を設定しており、現時点ではまだそれほど影響はないが、長い目で見ると、地域の顧客の絶対数からも、売上減が予想されるとのことでした。

そこでSさんは、新規顧客開拓のため、特にエステサロンを利用したことのない人向けに、Sさんの技術と一般的な技術との違いをわかりやすく書いたチラシを作り、その配布と口コミによる営業を行ってみたそうです。すると、意外にも新たなお客さんよりも近隣の同業者からの問い合わせが多く、それは「Sさんの技術を教わりたい」という要望だったのです。

ここで、皆さんも私と同じことを思ったのではないでしょうか。

「えっ、教えちゃったの？」

と。はい、教えちゃったのです。

もともとSさんは、お客さんに喜んでもらえるこの「宝もの」の技術を世の中に広めたいと思っていました。自分の技術を高く評価されたことへの驚きと嬉しさから、また、全く知らない人でもないということもあり、教えたのだそうです。さらに、技術指導料として予想以上の金額を提示されたことも相まって。そしてその結果は、皆さんのご想像の通りだと思います。

「実は、そのことで困っているのです」

Sさんの思いとは違った形で技術を使われることになってしまったのです。実

店が、教えた技術を教えたまではよかったのですが、その技術を教えたお店が、指導料を頂いて技術を教えたまではよかったのですが、その技術を教えたお

際、指導料を頂いて技術を教えたまではよかったのですが、その技術を教えたお店が、教えた技術の工程を勝手に省いたり変更したりすることで、技術料を安くして営業していたのです。結果的に、同じ地域に価格の安いライバル店をつくることとなってしまいました。しかも、そのお店の広告には「Ｓさんのお店の技術を習得しています」と書かれていたのだそうです。当然、Ｓさんの技術と同等の効果は期待できません。このことは、実際にそのお店で施術されたお客さんが、やり直して欲しいとＳさんのお店へ来られたことでわかったらしいのです。

「これでは、自分が苦労して開発した技術の評判が下がってしまう…」

そんな危惧を抱いたＳさんは、とりあえず、そのお店の広告に「Ｓさんのお店の技術を習得」とは書かないでもらっているとのことでした。

「う〜ん、なるほど。それは困ったことですね。ところでＳさんは、ご自身が開発された技術をどう思っていますか？　すごい技術だと思っていますか？」

「すごい技術かと言われると、それほどでもないと思います。特別な訓練を必要とする技術とかでもないので…。ましてや同業者なら、少し教えてあげて何回か

練習してもらえば、すぐにできるようになります」

その技術について詳しく聴かせていただくと、もともとこのエステは、施術後ある程度の期間が経つと変色してしまうということが、世間一般で知られているのだそうです。その原因は原材料にあるので、お客さんもお店の方も仕方のないことだと思っているのです。しかしSさんは、自身の体を使って何年も試行錯誤し、変色が起こらない原材料の配合を考え出しました。また、施術方法についても、同じように自分自身の体で試し、現在のやり方にたどりついたとのことでした。

「やっぱり、すごい知識と経験による技術だったのですね！」

「え～、それほどではないですよ～。やり方を教えれば、誰でもできますよ」

「本当にそうですか？　例えば、私でも教われればすぐにできるようになるのですか？」

たぶんできるというSさんのお言葉で、それでは、と一通り教えていただくことになりました。2時間ほどいろいろと教えてもらい、簡単な練習もさせてもらいましたが、案の定、私にできるはずもありません。―決して、私が不器用だからではないですよ！　むしろ、私は器用なほうです。

「やっぱり無理ですよ！　ある程度の理屈はわかりましたが、お客さんを相手に施術なんて、あと何度か練習したとしても、到底できませんよ！」

私のこの言葉が、Ｓさんには不思議に聴こえたようです。

私は、Ｓさんが熱心に教えてくれた内容を一つ一つ振り返りました。

「普通はこうするでしょ。でもこうした方がいいのです！」

この、Ｓさんの説明の中に出てくる「普通」は、私にとっては普通ではなく、全く知らないことでした。それをＳさんにお伝えしました。

「えっ、そうなのですか…」

「みんな知っていることではないのですか？」

「そんな風に思ったのですか？」

「ちゃんと説明したつもりだったのですが…」

この日、私とのやり取りでSさんが気付いたことは、「自分にとっては当たり前になっている知識や技術が、実は、当たり前のことではなかった」ということです。

この後、私は3カ月ほどお店に通い、Sさんの技術やノウハウがどのようにして生まれてきたのか、また、お客さんへの説明の仕方、お客さんと話をするときの立ち位置など、接客の様子からも「なぜ?」をいくつも聴かせていただきました。そして、Sさんの本当の「宝もの」は、これまでに培ってきた「知恵・工夫・経験」であるということをSさんと一緒に確認し、共有することができたのです。もちろん、私がSさんから気付かせていただいたことも多く、私の「宝もの」も随分と増えました。

そしてもう一つ、Sさんが気付かれたことがあります。それは、Sさんから技術を教わった同業者がその教え通りの施術をせず、簡単に価格を下げて集客を行ったのは、実は、Sさんの技術を本当には理解できていなかったからだということです。

Sさんは、一生懸命に何度も説明して教えたつもりでした。しかし、気持ちの中には「自分にできるのだから、同業者ならやり方さえ教えれば理解できるはず」という思いがあったのです。それでは、ある程度のことはできるようになりますが、Sさんの中ではすでに当たり前となっていること、たとえば「お客さんひとりひとりの肌質や性格、環境に応じて対応する」といったことまでの理解には遠く及ばないのです。Sさんにとっては当たり前のことでも、それはこれまでの経験があって、技術に対する強い思いがあって、はじめて当たり前となっていたのです。

それを、経験も考え方も違う相手にいくら一生懸命に口で説明しても、十分には理解されないのです。つまり、今回の悩みの原因は、Sさんがすべてを伝えきれていなかったことにもあるのです。

Sさんと私は、ビジネスとして、この「宝もの」を世の中に広めるための「仕組みづくり」に取り掛かることになりました。この「仕組みづくり」についての詳しい手順や方法については、本書では省かせていただきます。詳細は拙著『あなたの会社が目指すのは、「売上ですか？ 継続ですか？」小さな会社の「仕組つくり（ノウハウ戦略）」』（ＩＡＰ出版、２０１６年）に書かせていただいておりますので、こちらもご一読いただければ幸いです。

まずは、「宝もの」を目に見える形にするために、接客・カウンセリングのフローチャートやマニュアル、教育訓練カリキュラムなどを作成しました。そして、「宝もの」の品質を下げずに広めるための権利化・保護化に向けて、営業秘密管理や商標権の取得などの作業を行いました。

この見える化・権利化・保護化が整い、Ｓさんのお店が法人成りして技術・経営ノウハウを教えるスクール団体を立ち上げることができたのは、相談を受けてから半年ほど後のことでした。このスクール団体は、立ち上げから約3年で、なんと全国３００店舗を超えるエステサロンの会員を持つ団体となりました。当然、最初にＳさんが教えたお店さんも加盟していただいております。

Ｓさんが個人でサロンを開かれてから20年、そのスタイルは変わっていませんでした。しかし今回、法人成りによる組織変更、スクール団体の設立により、新しい「仕組み」が生まれました。この「仕組み」によって新たな売上も増え、将来に向けての継続力も強化されたのです。

ここまでの話で一番大切なポイントは、やはりSさん自身の「宝もの」に対する**「気付き」**なのです。Sさんから相談を受けて初めの3カ月の間に、私は多くの「なぜ？」を聴かせていただきました。Sさんは、私からの質問の度に「なぜだったのでしょう…？」の繰り返し。そして、「あっ、そうだ！」という「気付き」が幾度もありました。

もし、私が最初から

「Sさんの技術はすごいのだから、そんなに安売りしてはダメですよ！」

「この技術の信用を落とすようなお店が現れないように、しっかりルールをつくって、法的な権利化を図りましょう！」

と、「指導する・教える・提案する」のコンサルティングをしていたら結果はどう変わっていたでしょうか…。皆さんは、それほど変わらないと思われるかもしれませんが、私は絶対に違うと断言できます。

提案型より敬聴型のコンサルティング

一般的に人は、「誰かに言われたことをする」と「自分が必要だと気付いてする」では、そこに費やす熱量に絶対的な違いがあります。後者の方が断然大きくなるのです。だからこそ「気付き」が大切なのです。

自分で気付き、そこに価値を見出したときにはじめて、その価値を目に見えるモノ、形のあるモノとすることに本気で取り組めるのだと思います。そうして自分の持つ「知恵・工夫・経験」を目の前に並べてみると、経営者タイプの人は間違いなく、その活用法を考えます。そして、新たなアイデアが生まれるのです。

これが、私が支援者に、提案型コンサルタントや提案力そのものを、それほど強く勧めない理由です。支援者からの提案ではなく、経営者自らが必要と感じ、生まれたアイデアにこそ意味があると考えるからです。

ただし中には、「自分で何かを考えたり決めたりするより、言われたことや与えられた仕事を一生懸命する方が向いている」という人もおられます。このような人は、経営者のタイプではありません。そうなのです、個人であれ法人であれ、経営者になる人は、自分で考えて、自分で決めるタイプの人が圧倒的に多いのです。

また、人は、特に日本人は、自分自身の価値を過小評価してしまう傾向があると思います。たとえいつも自信に満ち溢れているように見える人でもです。もちろん、誰しも自分の得意なことについては自信を持たれていると思います。また、地位や財産に恵まれた人は、それを自慢に思って良いと思います。しかし、自分自身の価値についてはどうでしょうか？　もし、今の地位がなくなったとき、同じような気持ちでいられるでしょうか？

おそらく、多くの人が

「あの頃の自分はすごかったんだが、今は…」

と口ごもるのではないかと思います。

人はどうしても、目に見えるモノでその価値を考えてしまいます。しかし、本当に価値があるのは、それらのモノを生み出すために絞り出した知恵や工夫にこそ価値があり、それまでに経験したすべてのことが自分自身の価値なのです。

「知恵・工夫・経験」です。

他者が欲しがるモノを持っている、他者が羨む環境にいるから価値があるのではないのです。他者からすごいと評価されたこと、他者の提案に従うことで価値が生まれるわけでもないのです。失敗ですら価値のある経験であり、「あの頃はすごかった」ではなく、今もすごいのです。自身の「知恵・工夫・経験」を目に見えるモノとすることで、初めて自分自身の価値に気付き、知ることができるのです。

ただ、これは簡単にできそうで、意外とできないことです。自分自身を評価しようとすると、どうしても今の地位や環境、周りからの評判などを基準にしてしまうからです。そして、これまでの経験を振り返ろうとしても、ついつい、出来事とその結果を思い浮かべるだけになってしまい、具体的な過程については簡単に思い出せないものなのです。

自分は何を考え、何を悩み、なぜそのような対処をしたのか？

その出来事の「なぜ？」までは、自分だけで「気付く」ことはなかなか難しいものです。それは、今の自分にとっては当たり前のことになっているからなのかもしれません。

私は、この相手への「気付き」を促す力であり、私自身の「気付き」を生み出す力でもあるのが**【敬聴力】**なのだと思っています。これは、ある意味、質問力（質問するテクニック）とも言えます。しかし、私の考える**【敬聴力】**は、「＝質問力」ではありません。

確かに、経営コンサルティングにおいて、質問するテクニックというのは必要なスキルです。しかし、「伴走型支援」によるコンサルティングでは、テクニックだけではダメなのです。「すべての人に自分とは違うモノの見方・考え方がある」ということを前提として「なぜ？」の質問をするのです。その「違う」を知る・教えてもらうことで、何かが生まれるのです。どちらか片方だけが正しく、もう片方は間違っていると考えることが大きな勘違いなのです。

正直、私自身も未だに、**【敬聴力】**を完全に自分の中に落とし込めていません。相談者からお話を聴かせていただくと、つい提案を口走ってしまいそうになるのです。

「じゃあ、こうすれば良いのではないですか？」
「今はこの手法が主流だから…」
「今の流行を考えるとターゲットとすべきは…」

これは提案型コンサルティングです。積極的に提案をすること自体がマズイのではありません。まずはしっかり話を聴く、教えてもらうということを忘れてしまうことが問題なのです。

先のSさんとのやり取りの中でも正直、

「ん？　それは違うでしょう！」

「こうしないとダメでしょう、わかってないなぁ」

「この人は一体何を言っているのだ？」

と思うことの連続でした。しかし、私のこの勝手な思いをグッと飲み込み、Sさんの話をじっくり聴かせていただいたことで、双方が、本当に多くの「気付き」を得ることができたのです。そして、Sさんが「誰でもできる」と思っていた技術・理論は、本当の「宝もの」となったのです。

また、今回のように**【敬聴力】**による「気付き」から新たな経営スタイルが生まれたのは、Sさんのように「特別な技術を生み出した会社だから」ということではありません。Sさんの技術や手法は「営業秘密」（不正競争防止法）にあたるため、本書では具体的に書くことができません。しかし、Sさんの技術や現在の営業スタイルは、毎日のお仕事の中の「知恵・工夫・経験」から生まれただけなのです。どんな会社でも、間違いなく「知恵・工夫・経験」は存在します。

どこの会社にも必ずある「知恵・工夫・経験」を掘り起こして、整理して、目に見えるモノにする。そして、その権利化・保護化を図る。こうすることで、社長の頭の中にだけあった考え方・ノウハウが共有可能になり、事業の継続へとつながるのです。そして、それは、多店舗展開やフランチャイズといった新たな経営スタイルへつながることも多いのです。さらに言えば、次の世代への「事業承継」においても必要となる取り組みなのです。

たとえ、経営コンサルティングにおいて、少しくらい先走った提案をしてしまったとしても、「あっ！」と少しアタマを掻く程度で済みます。――済まないこともありますけどね！

これは、創業100年以上の老舗であるお店さんから伺ったお話です。

「ウチにも大手の経営コンサル会社から、何度となくお話があったのですが、すべてお断りしています。コンサル費用も確かに高いのですが、それが理由でお断りしているのではありません。彼らはいつも、自社のコンサルティングメニューからの提案をしてくるのです。彼らの話を聞いていると、業界の状況についてよく知っているということはわかるのですが、ウチの商売のやり方や思いといったことには、関心がないように思えてしまうのです。そこがお断りする理由です」

提案型のコンサルティングが、すべてダメだとは思いません。しかし、提案よりも先に敬聴が必要だと、改めて感じたお話でした。

〈補足事例〉

事例④　相談者Yさん・男性

ＩＡＰ協会で一番若手のS君が、同級生のY君から経営支援を頼まれた時のことです。ーと言っても、お友達価格、ほぼボランティアでしたが（笑）

Y君は「串揚げ屋」をオープンするとのことで、会議室で2人、今後の店の「ウリ」を何にするかを話しておりました。

「そもそも、Y君は、新地の有名店で頑張っていたのに、どうしてそこを辞めて独立したのか？」

「新地のお店では、新しいメニューの試作をして、お客さんの評判も良かったが、料理長から定番メニューにするOKが、出なかったから…かなぁ？」

「それは、仕方ないね！　お前のセンスがまだまだだったということかな！しかし、たったそれだけでのことで、独立を考えたのか？」

「う〜ん…なぜだったのかなぁ？」

Y君は、自分でもよくわからないような、思い出せないという様子で話していました。

「まっ、いまさら言っても仕方がないし、これからお店をどういう風に繁盛させるかを考えてみよう！」

「そうだな！　新しいお店のウリを何にするか考えよう！」

2人は楽しげな会話で盛り上がっていました。私はそこに割って入り、Y君に、その時に試作したメニューがどんなメニューだったのかを尋ねてみました。

Y君の試作は「紫芋の冷製スープ」で、これをグラスで出したのだそうです。珍しいですね！　では、ここで「なぜ？」です。

お客さんの評判も良かったのに、料理長が定番メニューにはできないと判断したのはなぜ？

Y君はしばらく考えて、「気付き」ました。

「あっ、そうだ！　色だ！　料理長は和食の店で紫は馴染まないからダメだと。ぼくはキレイだと思ったし、和食でもおかしくないと思ったのですが」

「Y君は、これまでの和食のコンセプトとは違った料理をつくりたいという気持ちがあったのですか？」

「はい。和食では普通は使われない食材や海外の色鮮やかな食材を使って、新しい料理をつくりたかったのです」

「つまり、その気持ちがだんだん強くなり…？」

「そうです。前のお店はとても良いお店で、料理長も尊敬できる方だったのですが、老舗としての看板・伝統から、はみ出してはいけない一線のようなものがあって、ここでは自分の考える料理をお客さんには出せないと思ったことが独立を考える動機だったと思います」

「なるほど、『新しい色と食材を使った創作和食』が、Y君のお店のコンセプトということですね！」

これが、**【敬聴力】**です。…この直後、横で聞いていたS君からは恨み節が漏れ

「僕がY君に聴こうと思っていたことなのに…」

「そうか、それは悪かったな！　余計なことをしてしまったね、スマンスマン」

と3人で笑いました。

S君とY君は、続けて料理の打ち出し方や集客方法、また、お客さんに喜んでもらう仕掛けなど、新たなお店づくりについてとことん話し合っていました。

Y君のお店は、「SOUI串風」と書いて「そういくふう」と読み、大阪・梅田の一駅隣の中津駅からすぐのところにあります。『ミシュランガイド京都大阪2016』の「ビブグルマン」にも掲載されています。近くへお越しの際には、是非、お立ち寄りください。とってもおいしくて素敵なお店です。

なお、コンサルタント業を行う上では、質問力としてのテクニックも必要とな

りますので、協会主催のコンサルタント（士業含む）養成に向けての講習やワークでは、そのテクニックについても「プチサプライズ」と表現した手法で、お話しさせていただいております。ただし、本書では、造語**【敬聴力】**に込めた私の思い、人との関わり方、モノの見方・考え方を中心にお話しさせていただいておりますので、質問力に関しては省かせていただきます。

5章

【敬聴力】で伝わる

聴くための力が、自分の想いを伝える力に

私は、ＩＡＰ協会を設立してから、まずは「伴走型支援」を共に行える仲間づくりを目指し、当協会が認定する「知的資産プランナー」として士業やコンサルタントを養成する取り組みを行いました。その取り組みの中で、行政書士以外の弁護士や弁理士、司法書士、税理士などの仲間も増えていきました。

一人でやっていた事務所が、仲間が一人増えて「知的資産経営サポートセンター」となり、また２人増えて「一般社団法人　日本知的資産プランナー協会」となったのです。もちろん、この多くの仲間ひとりひとりが、私との「違う」を持っています。決して「同じ」だけに共感して集まったメンバーではありません。「違う」考え方を持っていても、私の目指すものや考えていることを知ってくれているメンバーなのです。

また、この協会が入っているテナントビルのオーナーも応援者となってくれました。オーナー協力のもと、多くの士業が独立開業するための「行政・法務総合

スペース」という名のインキュベーション空間をつくることもできました。ここは士業限定のシェアオフィスで、全20室の個人ブースと、ミーティングルームなどの共有ブースを用意しております。

士業やコンサルタントを養成する取り組みとして、具体的にはセミナーや講演会を行ったのですが、私はそこで、特に内容を変えることもなく、これまで通りにお話しさせていただいたつもりでした。しかし、不思議なことに、セミナーや講演の終了後に

「是非、自分も一緒にやりたい！」

という声が増えたのです。

この理由はおそらく、私の周りの人が変わってきたからだと思います。ではなぜ、周りの人が変わったのかというと、私が**【敬聴力】**を意識してお話をするようになったことで、「私の思い」が相手にしっかりと伝わるようになったからだと思うのです。自分の思いを、なぜそのように考えるのかを相手に「伝わる言

葉」で正しく伝えることができれば、おのずと周りが変わってくるのです。

今思えば、それまでの私は、他者に自分の思いを本当には伝えることができていなかったのだと思うのです。

他者の「違う」を聴きたい、教えてもらいたいと思い始めて、まずはしっかりと「なぜ?」を口に出して教えてもらうことを心掛けました。すると、他者の意見や方向性が自分とは「違う」場合も、

「ふ〜ん、なるほどね!」

と受け止めることができるようになったのです。つまり「違う」考え方から学ぶことができるようになったのです。さらに、そうして受け止めることによって得る学びは、これまでより格段に増えたと言えます。

それまでも、それは違うだろうと感じた考え方に対し、口では「ふ〜ん、なるほどね!」と言っていたと思います。ただし、言葉は同じでも、その人に「なぜ?」をしっかり聴かせて(教えて)もらってからの「ふ〜ん、なるほどね!」ではありませんでした。その人と周りの人とのやり取りの様子、また、その人の

職歴や立場などから、おそらくこういうことだろうと私なりに分析して、「ふ～ん、なるほどね！」と流していたのだと思います。無意識にではありますが、「学ぶ」よりも自分の意見や考え方を相手に「教える」が強かったのだと思います。「違う」意見や考え方に対して自論で説得を試みる気持ちが先に立ってしまい、聴いているつもりでも聴けていなかったと思うのです。

自分と違った意見や考え方を持つ相手に「なぜ？」を聴くときに、私が特に気を付けていることがあります。それは、相手に「なぜ？」と尋ねながら、頭の中でその答えに対する反論・自論を用意してしまっていないか、ということです。

それが用意されていると、相手の話の中にその糸口となるものを無意識的に探してしまうのです。そして、糸口を見つけてしまうと、それ以降の相手の話は、ほとんど聴いていません。相手の話をろくに聴かずに、

終わったら自論をどう展開しようか

こういう順番で説明すると相手は納得するはずだ
こう言った方がよりわかりやすいかな?

などと考え始めてしまっているのです。そうなってしまうと、もはや相手の話の中の「間違い探し」をしているようなものです。話を聴いているのではなく、むしろ終わるのを待ち構えているのです。そして、相手の話が終わるや否や、自論を展開し始めてしまうのです。これでは**【敬聴力】**になりません。しかし、「違う」が「あって当たり前」「ある方が面白い」「ないとおかしい」と思えると、自分の中での反論の準備はしなくてもよくなります。仮に、相手の話を聴く中で反論が頭をよぎっても、一旦は、横にのけておくのです。これが**【敬聴力】**を実践したコミュニケーションとなります。

もちろん自論は自論としてありますよ！　自分のモノの見方や考え方についても、しっかりと自分自身に「なぜ?」を問いかけてみて、その答えを出せるように心掛けています。

私は普段、仲間の士業やコンサルタントの皆さんに、「伴走型支援」を行う上での心得として次の3つのことをお話ししております。

○一を聞いて十を知ってはいけません！

「なるほど！」「さすが！」「こういうことですね！」といった「頭の回転の速い理解」だけでは、「強み」を聞き逃します。

○私は何でも知っている、私の言うことを聞いておけ、はいけません！

「これはよくないですね！」「これをやっておかないと相当マズイですよ！」などという問題点探しと、その列挙…最悪です。

○得意分野であっても自分の話にすり替えてはいけません！

相談者の話を聴くことよりも自分が話し出すきっかけ探しに意識が持っていかれてしまい、結果自分自慢に終始し「強み」に気付けません。

この3つの心得は、**【敬聴力】**を意識するための注意点でもあります。

まずは「なぜ？」を聴く（教えてもらう）ことに意識を集中します。そして、相手の話の中に自分の考えと「同じ」を見つけたとしても、それを詳しくは述べず、共感できる部分を伝えるだけに留めます。それに慣れてくると、随分と素直な気持ちで話を聴くことができるのです。そして、不思議と相手に届く言葉で自分の考えや思いを伝えることもできるのです。

敬って聴く力、つまり、聴くための力である**【敬聴力】**のはずが、結果的には、相手に自分の思いを伝えるための力となるのです。**【敬聴力】だからこそ伝わる！**　なのです。**【敬聴力】**を意識して他者の話を聴くことが、実は自分の思いや考えを相手に伝えるために、必要不可欠なことだったのです。

【敬聴力】を全国へ

そして、**【敬聴力】**で生まれた仲間の一人に、4章にも登場しました立石裕明氏がいます。

立石さんと私は、日本の小規模企業の抱える課題や問題、そして、それを改善するための国の支援のあり方についての話で、よく盛り上がっていました。国の考える中小企業と実際に街中にある、普段私たちが関わる中小企業には、大きな認識のズレがあるという点で意気投合していたのです。

私の小規模企業への支援の手法は、本書ですでにご紹介の通り、経営者の持つ「知恵・工夫・経験」を敬聴して教えてもらい、その見える化や仕組み化、そして権利化と保護化を図るというものです。新しい取り組みや新商品・新サービスの提案などは、たいして行わないのです。そういう意味では、とても地味な支援を30数年やってきているのです。しかし、この地味な支援を立石さんは、大変気に入ってくれました。

立石さんは小規模企業経営（ホテル経営）と商工会での商工会青年部連合会長の経験があります。その商工会の時の同期で、親しい友人に経済産業省を担当する国会議員がいました。ある時、その議員さんから

「今後、国として中小企業の支援施策、とりわけ小規模企業の支援のあり方を示した、抜本的な法案の作成に取り掛かるので、協力して欲しい」

と頼まれていると話してくれました。

「おお、それは素晴らしいじゃないですか！」

「先生も協力してくださいね！　霞が関には、おエラい先生や頭脳明晰な官僚は大勢いても、小さな会社さんのことを本当の意味で知っている人はほぼ皆無ですから（笑）」

私たちは2人とも、小規模企業のことを本当に理解するには、実際に商売の経験のある人でないとわからないと思っていました。

実は私も、現在の経営コンサルタント業以外に商売の経験があります。国家公務員を11年半務め退職した後、ソフト開発の会社を設立しました。これを19年間。また同時期に、コンビニエンスストアの経営を6年間、塾の経営を6年間行っていたのです。そして、これらの商売と同時に経営コンサルタントして行政書士業務を30年以上やっているのです。

お気付きの方もおられるかと思いますが、そうなのです、私、国家公務員と行政書士で、6年ほどの兼業時期があるのです。もちろん、内緒にではないですよ！　正式に兼業許可の承認を毎年得ていました。ただ、このような事例はおそらく後にも先にも私だけなのではないかと思います。

とにかく、これらの経験から、立石さんとは小規模企業経営における日々の悩み（毎月の支払いの段取りや資金繰りについては年中無休で頭の中を走っています…）から、経営者の習性（飲食店に入るとつい、客単価や回転数を考えてしまう…）まで、よく話していたのです。彼は、霞が関で頭脳明晰な官僚の方々を前に、本当の小規模企業の実態や支援すべきことを、時には徹夜で語り、議論をしたのです。

そして、昭和38年の「中小企業基本法」成立から51年の時を経て、平成26年、ついに新法案「小規模企業振興基本法」が制定・施行されました。これにより、政策の基本理念が、「成長発展するための支援」から、**「持続するための支援」**へと大きく舵を切ったのです。小規模企業の持続的発展を目的とした法案の成立です。また、そのための支援のあり方として、同日に制定された「小規模企業支援法」で謳われたのが、「伴走型支援」なのです。そして、そこで必要なスキルとして**【敬聴力】**があるのです。

立石さんとの出会いによって、国の政策に、法の目的に、私の思いや小規模企業への支援スタイルを、僅かながらでも反映させることができたのです。

この法案の施行を受けて、私の環境も大きく変わりました。国は「伴走型支援」をまず実施すべきは、全国の商工会議所・商工会に所属する経営指導員と呼ばれる方たちであるとしました。とはいえ、法の制定により、法の目的や精神を伝えることはできても、実施するにあたっての具体的な支援手法までは文字だけでは伝わりません。そこで、全国の経営指導員の皆さんにその具体的な支援手法や考え方を知ってもらうための研修が、全国の都道府県で実施されることになり、その講師として、私も選任されたのです。

私にとって、この環境の変化は大変ありがたいことでした。私の提唱する**【敬**

聴力】による小規模企業支援のあり方を全国に伝えることができるからです。

年間10万近い数の小規模企業が減少している今日、「持続的発展」を目的とした法律が生まれたことは、ある意味必然とも言えると思います。ただ、そのための支援のあり方として、私の支援手法を伝える環境のできたことは、やはり**【敬聴力】**のおかげだと思います。

２０１４年10月から、全国７０００名を超える経営指導員を対象として、「小規模企業支援研修」をさせていただいております。そのおかげで、指導員の皆さんから、全国各地その地域ならではの小規模企業に関する事案や問題・課題を聴く（教えてもらう）ことができました。また、**【敬聴力】**による「伴走型支援」についても、本当に多くの方々に共感していただくことができたと思っています。

日本の未来が危ない！　【敬聴力】で事業承継

中小企業庁の方針として、平成29年度からは事業承継に注力した研修を行うことが決定いたしました。企業の減少で特に問題と考えられている事案に、この「事業承継問題」があります。

平成28年12月に経済産業省から公表された「事業承継ガイドライン」によると、事業の承継を断念する企業のうち4割近くが、実は好業績の企業であるという調査結果が出ているのです。赤字でやむなく継続を断念しているのではなく、黒字であるにもかかわらず廃業している会社が、とんでもなく多いということがわかります。

『中小企業白書　２０１６年版』によると、中小企業の売上総額は約１２０兆円となっています。先の廃業予定事業者の売上が単純に減少するとした場合、なんと３０兆円を超える売上減となってしまうのです。

これまでの統計から、事業承継時の経営者の平均年齢は

中規模企業―６７．７歳
小規模企業―７０．５歳

と、年を追うごとに上昇傾向にあります。さらに、現在の小規模企業の経営者の年齢で最も多い年齢がなんと66歳、平均年齢は５９．９歳！　この数字が意味する問題は明らかです。

今から5年以内に、より大幅な小規模企業の減少が起こる！

国の試算によると、今後5年から10年以内に廃業する可能性のある事業者は１００万社にも上ると示されています。

たとえどんなに小さな会社でも、廃業すればそこに働く従業員とその家族の生活に大きく影響します。従業員の家族を含めると小さな会社でも10人以上となります。１万社であれば10万人、10万社なら１００万人以上です。１年間にですよ！　これはとんでもない数字です。10年後、１０００万人もの人の生活基盤が失われかねない、恐ろしい数字なのです。

これは本当に日本経済そのものを左右しかねない大問題です。そして、特に小規模企業において親族内承継が多数を占める我が国での、この問題の背景・原因には、間違いなく親族間での意思疎通の問題があります。3章では、「報・連・相」を通して職場での意思疎通の問題点をお話しさせていただきましたが、近年では同じ問題が親族・親子間でも、ますます顕著となってきているように感じます。

個人の自由が保障される社会は、間違いなく素晴らしい社会です。なので、必ずしも子どもが家業を承継する必要はありません。それが本当に個人の意思で自由に選んだ結果なら、止むを得ないと思います。また、会社が赤字の場合に、子どもへ借金を継がせたくないから、あるいは少子化社会の必然であるのであれば止むを得ないと思います。

しかし、事業が好業績であるにもかかわらず、後継者が不在という原因の多くは、個人の自由な選択によるものでもなければ、少子化の結果でもないのです。

私が全国で出会った事業承継問題で、もっとも多かった原因は、やはり親族・親子間での考え方や価値観の違いから生じる確執でした。

ここで、間違いなく**【敬聴力】**の出番です！

小規模企業では、事業のすべてを経営者一人に依存しているということが多々あります。この場合、経営者の頭の中にだけ、事業そのもの、経営そのものがあるということになります。ある意味、一人ですべてができてしまう優秀な経営者であればあるほど、頭の中にあるノウハウが周りからは見え辛く、事業承継問題が起きた時には、より深刻になり得るのです。

事業承継を行う際、まずは、事業そのもの、経営そのものの見える化が、絶対に必要です。事業の概要や具体的な経営方法が目に見えなければ、後継者は理解することはできないと思います。例えば親から子への事業承継の場合には、事業や経営が、親の性格や考え方と同一に見えてしまうのです。それらはただ単に、

「親のやり方」としか子の目には映りません。結果、親子間に確執があると、後継者不在を招くことになるのです。

確かに、親族・親子間の確執には、長い時間をかけて積み重ねられた問題があるものです。その関係のままで一足飛びに**【敬聴力】**とはいかないと思います。しかし、子や孫の社会を支える経済の持続的発展、ひいては日本の未来を考えると、小規模企業ではあっても、事業承継の問題は、単なる親子喧嘩や確執では済まされないのです。

小規模企業の事業承継問題は、まさに今、目の前にある危機なのです。

日本の未来を変える「伴走型支援」

私の提唱する**【敬聴力】**による「伴走型支援」は、確かに地味な支援手法です。ただし、この手法には２つの強みがあります。

一つ目は、これまでの経営方法を見える化させるということです。まずは現経営者が、これまでに培ってきた「知恵・工夫・経験」を見える化するのです。そして、それらを実現するための計画書を作成するのです。この経営計画書として目で見ることができるモノならば、後継者も理解することが容易になります。親の性格や考え方としてではなく、経営方法と捉えることができるのです。そして、その組み合わせや並べ替えによる事業提案も行うことができるのです。

さらに、その経営計画書を作成するために、私たち支援者が**【敬聴力】**によって現経営者から聴いた（教えてもらった）「なぜ？」も併せて知ることができます。これにより、後継者と現経営者との「違う」に気付くことができるのです。そして、新たな課題として取り組むことも検討できるのです。

そして二つ目の強みは、権利化・保護化を図るところにあります。結果、その業態における収益の出る経営方法を同業他社へ貸し出すことが可能となるのです。いわゆるフランチャイズ経営や多店舗展開を可能にするのです。

先の４割の企業、好業績にもかかわらず後継者が不在のために廃業に追い込まれてしまっている企業を、この手法で救うことができれば、残り6割の企業、やむなく廃業してしまった企業の従業員の受け皿を構築することも可能となるのです。

どんなに優れた宝もの「知恵・工夫・経験」を持っていても、誰もが起業できる訳ではありません。しかし、その技術や経験を活かせる場所があれば、継続させるための経営の仕組みが用意されていれば、「宝もの」は再びキラキラと輝くことができるのです。

正直、赤字で廃業を余儀なくされた企業の、経営を立て直しながらの事業承継は容易なことではありません。しかし、すでに好業績の仕組みを持つ企業の事業承継は、その手法さえ間違えなければ絶対に可能なのです。

「知恵・工夫・経験」の見える化・仕組み化、そして、権利化・保護化は、これからの日本経済を支える支援手法なのです。日本の未来のために、広めなければならない「伴走型支援」。そのための**【敬聴力】**でもあるのです。

〈補足事例〉

事例⑤　相談者Oさん・男性

親子ではないのですが、兄弟間の確執により、会社経営が大きく変わってしまった事例です。そこも業績は大変良好、年商10億超えの会社でした。

兄が代表、弟が専務を務めており、会社経営の実質は、専務である弟が取り仕切っていました。兄弟間の意思疎通は大変希薄で、専務の考える職場改善案について、代表は一切聴く耳を待たないという状況でした。

私は、専務から依頼を受けて、その会社の経営改善計画を作成することになりました。そして、ある程度の方向性が見えてきたところで、一度、代表であるお兄さんとお話をさせていただいたのです。しかし残念なことに、ここでも代表は聴く耳を持たずで、全く「敬聴」できずに終わってしまいました。

代表からはなんと 大阪から来た経済やくざ と評されてしまったのです（涙）…私の見た目が悪いのかもしれませんが、とっても悲しい経験です。
その後、専務と代表の確執は悪化の一途をたどり、遂に専務は解雇されてしまいました。**一念のために申し上げておきますが、私が火に油を注いだのでは、断じてありませんよ（汗）**
2人の確執は、限界に達していました。その後、専務は新たな会社を起業し、自らが代表となりました。また、従業員も兄の会社を退社し、元専務を頼って新会社の仲間となっていきました。結果として、兄の会社の業績は低迷することとなったのです。新会社の方はというと、私どもで顧問を務めさせていただき、「伴走型支援」によって順調に業績を伸ばしております。
この問題の根本にもやはり**【敬聴力】**が関わっていると思うのです。また、「知恵・工夫・経験」の見える化や仕組み化の重要性にも大きく関連した案件でした。

誰にでもできる【敬聴力】

私が、「敬って聴く力」として【敬聴力】を身に付けようと思い、【敬聴力】を意識して他者から話を聴く（教えてもらう）ことで、応援してくれる仲間が増えたこと、環境が変わったことは、おそらく誰にでも、すべての人に起こりうることだと思います。

難しいことを知っていなくても、カッコイイ話ができなくても、大丈夫です。素晴らしい提案や主張ができなくてもいいのです。他者の話の中にある自分と「違う」意見や考え方を、素直に聴き、「なぜ？」を教えてもらおうとさえ思えればいいのです。そこには「リア充アピール代行サービス」など必要ありません。【敬聴力】が身に付けば、周りの人たちとニセモノではなく、本当のコミュニケーションがとれるのです。

「以心伝心」という四字熟語があります。意味は、

言葉や文字を使わなくてもお互いの心が通じる

訓読すると「心を以って心に伝う（こころをもって　こころにつたう）」となります。元々は仏教用語であり、特に禅宗で、言葉や文字では表すことのできない難しい仏法の神髄を、師から弟子に伝えることを意味していました。

これは、禅宗の厳しい修行を経た師匠と弟子のように、絶対的な信頼関係が築かれていてはじめて、通じ合える境地に至るのだと思います。「以心伝心」は素敵な言葉だと思います。もし、すべての人がそうなれたのなら、世界中から争い事はなくなると思います。しかし、私たちは修行僧ではありません。どんなに近しい関係であっても、しっかりと言葉で伝えないと、相手には正しく伝わりません。

「気持ちは通じているはず。だから言葉にしなくてもわかる」

と思っていても、通じないことの方が多いのです。そして、いくら相手が気に入ると思った言葉を選んで伝えたとしても、相手の「違う」を聴く（教えてもらう）ことができていなければ、やっぱり通じないのです。

だから、私は、まだまだ「以聴伝心」なのです。これも造語です。「聴くを以って心を伝う（きくをもって　こころをつたう）」から頑張ってみたいと思うのです。

私は、これからも全国を回って**【敬聴力】**による「伴走型支援」のお話をさせていただきます。そして、その場所でお会いした方たちから、いろいろなお話を聴かせて（教えて）もらおうと思います。そうしてまた、「共にがんばろう！」「応援しよう！」という仲間が増えていくと信じています。少なくとも、私自身が、出会った方たちを応援する仲間の1人に絶対になれると思っているからなのです。

本書を読んでくださっている皆さんにも、一度、試してみていただきたいです。誰かと話をするときに、「ん？」と疑問に思ったり、「えっ、違うでしょ！」と思ったりしたなら、その相手がどうしてそう考えるのか、「なぜ？」を素直に聴いて（教えてもらって）みてください。おそらく、皆さんが頭の中だけで「こうだろう」と想像していたこととは違う話が聴ける（教えてもらえる）はずです。これは、本当に面白いですよ！　そしてなぜか、こちらは聴いている側のはずなのに、自分の考えが相手にも伝わるのです。テレパシーではありません！　これは本当に不思議ですよ！

もちろん、会話の中で自分の言葉で相手に伝えているのですが、今までとは違う、相手の方が深く理解して聴いてくれていると実感できるのです。そして、共感して応援することができるようになるのです。

【敬聴力】で自分が変わり、周りの人が変わることで、赤の他人同士が応援し合える仲間へと発展する社会、横の繋がりが広がる社会が、日本の未来の姿であってほしいと願います。これは決して精神論としてだけの話ではありません。先の事業承継問題の話にも示したように、日本の経済、社会の現実的な問題なのです。

私は、**【敬聴力】**を実践していくことが、間違いなく私自身を豊かにし、私の周りの人をも豊かにすると信じています。そして、**【敬聴力】**は誰もが身に付けることのできる力です。繰り返しになりますが、私は、この**【敬聴力】**を一人でも多くの方に知ってもらいたいのです。

おわりに

本書を最後までお読みくださいました皆さまに心より感謝申し上げます。本当にありがとうございます。私は、今でも「【敬聴力】を知ってもらえれば、皆が幸せになる」と思っています。子どもの頃に本気で思っていた「オレが世界征服をすれば、皆が幸せになる」と、相も変わらずなのです。こんなわがままな私の思いに、最後までお付き合いくださいました読者の皆さまに心よりお礼申し上げます。

本書の執筆にあたり、読者の皆さまに【敬聴力】をどのようにお伝えすればよいのか、真剣に悩みました。なぜなら、私の考える【敬聴力】は、これまでは士業やコンサルタントの方にだけ、お話しさせていただいていたからです。今回のように、自己啓発に役立てていただくことを目的に、一般の方へお伝えしたことがなかったのです。

我々コンサルタントが【敬聴力】を活用する場面は、会社の経営サポートでありましたから、同業者へはロジカルに、テクニックとしてお伝えすればよかったのです。しかし、一般の方へお伝えするには、どこに焦点を当てて書けばよいのか、悩みながらの執筆となったのです。

ただ、「**【敬聴力】**を一人でも多くの方に知ってもらいたい！」という思いは、書き進むにつれてどんどん大きくなりました。60歳を目前に、今に至るまで自分が感じてきたことを人に伝えたいと思ったのです。つたない文章ではありますが、本気の思いを込めて書きました。

正直、私自身は、本当にまだまだの人間だと思っています。**【敬聴力】**の文言から、「どんな人にでも敬意と愛をもって接することのできるマザーテレサのような素晴らしい人間」をイメージされたとすると、それは、とんでもない勘違いです。私は、見事なまでに俗人です。

「はじめに」でも申し上げた通り、本書は「私自身に向けての啓発」としても書かせていただきました。私の提唱する**【敬聴力】**で、敬わなければならないと私が自分自身に言い聞かせているのは、相手の人ではなく、その人の持つ「知恵・工夫・経験」に対してなのです。

私は、「すべての人を愛しましょう」などとはとても言えません。普通に苦手な人や気の合わない人がいて当たり前だと思っています。しかし、その人の人生という時間の中で培った「知恵・工夫・経験」には、必ず学ぶべきこと、教わるべきことがあるのです。

1章では「同じ」ばかりに価値を認めていると生きにくくなると書きました。私は、書きながら改めて思いました。

「人と「同じ」だとよくて「違う」はダメだという社会、果たしてそれでイイのか？」

この思いは今でも私の中にあります。

戦後の日本は、それまでの封建的な社会から、急激に民主化が進みました。そして、その変化の中で生まれた代表的な仕組みが、「多数決」だと思います。「多数決」は、多くの意見から一つの方向性を選ぶために、大変優れたルールだと思います。しかしあくまでルールでしかなく、それ自体には決して価値などないのです。私が子どもの頃は、多くの大人が「多数決」をただのルールとしてではなく、価値あるものとして捉え、「周りと同じならよくて、違っていれば劣る」と考えていたように思います。このような考え方に対して子ども心に感じた「いやな気分」を、**【敬聴力】**を通して考えてみた結果が、1章「同じ」ばかりでイイですか？　となったのだと思います。

2章では、**【敬聴力】**という考え方のきっかけを探って、生い立ちを振り返りました。子どもの頃に、自分の思いや考えを上手く大人へ伝えることができなかった「悔しさ」のような思いから、**【敬聴力】**という考え方が生まれたのです。

3章では、**【敬聴力】**を通して「報・連・相」について考えてみると、職場での使われ方が逆なのではないか、という思いから具体例を交え解説させていただきました。

4章では、その思いを**【敬聴力】**として仕事に活かせたことで、他者の役に立てる、世の中の役に立てるのかもしれないと感じたのです。

5章では、「もし以心伝心が本当にあれば、世界が平和になる」という思いが**【敬聴力】**を通して、「以聴伝心」なら、私にでも、誰にでもできるはずと気付けたのです。

そして、本書を書き上げてみて気付いたことが、もう一つあります。それは、自分の中の「違う」を聴いてみる（教えてもらう）ことだったのです。自分の中の「違う」、それは自分の欠点や弱点といった言葉で表す方がいいのかもしれません。自分の中にある弱み（コンプレックス）のようなモノにしっかり向き合って、「なぜ？」を聴いてみるのです。

「なぜイヤなのか？」

その理由を**【敬聴力】**で聞けたなら、それも含めて自分であることを素直に納得できるのです。自分が好きになれるのです。楽しく生きることを目標としている自分があってはじめて、他者が、周りが幸せになって欲しいと思えるのです。子や孫の時代が幸せであって欲しい、そのために頑張ってみようと思えるのです。

そして、自分の中にある「違う」は、本当は弱点でもなければ、イヤなモノでもないのです。我々の生きるこの地球を含め、すべての事象はプラスとマイナスのバランスで保たれているのです。マイナスがあるからプラスが存在し、認識できるのです。人も同じなのです、自分の心も体も弱い部分があるから、それを補う強さを持っているのです。

私は病気で体に弱点を持っていますが、そのおかげで心も体も、それを補おうとした結果が、今の私をつくってくれたのだと思えるのです。そして、まだまだダメなところだらけなのですが、私は今の自分を結構好きなのです。

実は、本書の原稿を書き上げた時、88歳になる母に見せました。母は、「大人のウソつき」というフレーズを私が口にしていたことをよく覚えていました。でもそれは、私が覚えていた記憶と少し違っていました。

母の言葉でハッと思いだしたのです。

「ごめんね…。いつかは医学が発達して、きっと…」

の言葉です。

小さい頃、親も祖父母も私に言っていました。

「エイジくんの足は、いまから医学がどんどん進歩するから、中学生か高校生になるまでには、みんなと一緒になるよ！」

たぶん、私が中学に上がってすぐの頃、私が母に言った最後の「大人のウソつき」…

「もう足は治ったりしないやん…」

すっかり忘れていました。大人のウソには、希望を込めたウソもあるのです。

私は、涙ぐむ母に伝えました。

「すっかり忘れてたわ！　でもエエやん！　おかげで今の俺があるのだし、俺は良かったと思ってるよ！　ありがとう」

「子育てを悩まない母親も、後悔しない母親もいない」

という言葉をどこかで聞いたように思います。60年近く経ってもまだ…本当にすごいなと思います。女性は凄いと思うのです。それにひきかえ、男の私は…すっかり忘れて生きてきていました。やっぱり私はまだまだなのです。

人は、自分の中にある「違う」を、自分にとっては必要なモノだと認めることができることで、やっと自分のことを好きになれるのです。そうしてはじめて、本当に他者のことも好きになれるのだと思うのです。聴く力としての**【敬聴力】**が、なぜか自分を相手に伝える力になるように、他者を好きになれると、不思議と他者からも好かれる人になるのです。

【敬聴力】で一番大切な考え方やモノの見方として

「違う」があっていいのだ！　むしろなくてはならない！

と本書では書かせていただいております。そして、それは他者の「違う」だけではなく、自分の中の「違う」も同じなのです。「同じ」も「違う」もどちらも必要なのです。

やはり、70億人70億色なのです。

人類は誰もが皆、同じように「違う」を持っているのです。

私は、これからも一生

【敬聴力】を知ってもらえれば、皆が幸せになる

を言い続けてみたいと思います。私の人生は、おそらく余命60年ほどです。――

私寿命を120年と決めているのです（笑）

なので、私はまだ、ようやく人生の折り返しに立ったところです。ここからが、私の本気の頑張りどころなのです！

私の力などは、砂浜の一粒の砂でしかありません。それでも、その一粒一粒が集まって砂浜はできているのです。そしてこの地球の広大な海の器をなしているのです。誰か、とんでもなく優れた人が世界を動かしているのでもなく、創っているわけでもないのです。多くの人、その誰もが持つ一人一人の「知恵・工夫・経験」で世界は動いているのです。

共に共感し、応援できる繋がりがあれば、未来は変わります。皆がより良く、生きていける世界があると信じられるのです。

本書を最後までお読みいただき、ありがとうございました。

私の電子書籍『傾聴力を**【敬聴力】**へ！』が、皆さまのお力により、新たに「書籍」として、本当に私の想いが伝わる1冊の本に生まれ変わりました。私1

人の力では、この本は生まれませんでした。**【敬聴力】**に共感し応援してくれる多くの方がいて、生まれたのです。電子書籍を読んでくださった多くの方から届いたレビューやメッセージに込められた想い、その想いに私の方が力をいただけたのです。

読者の皆さま、そして、出版にあたりご協力くださいました皆さまに御礼申し上げます。

あとがき（謝辞）

　この度は、ただひたすらに私の想いを書き込んだ、また、勢いに任せて3週間ほどで書き上げた原稿をそのまま電子書籍（Ａｍａｚｏｎ Ｋｉｎｄｌｅ版）として出版していた『傾聴力を【敬聴力】へ‼　言わなきゃ分からん！　でも…言っても分からん？』を、「新版」として、ＩＡＰ出版から出版させていただきました。

　ＩＡＰ出版の新人編集者である森田雪乃さんが、編集先輩諸氏のお力も得て新たな1冊に生まれ変わらせてくれたのです。なので、本書が森田さんの手がけた編集第1号なのです。

　森田さんとの校正のやり取りや編集打ち合わせは、本当に楽しい時間でした。とにかく彼女の一生懸命さが嬉しかったのです。校正の作業は、とてつもなく苦労したであろうことは、筆者である私には容易に想像がつきます。私の伝えたいことを読者の方に伝えるにはどうすればいいのか？　を真剣に考えて、原稿の初めから終わりまでを何回も、何十回も読み込んで、全文を暗記するほどでなければ、このような校正はできないと思うからです。こんなにも読み込んでくれた森田さんに感謝です。

森田さんは小さな頃から本が大好きで、「いつかは本を作る仕事がしたいと思っていた」というＩＡＰ出版に入社する動機を社主から聞いておりました。彼女の経歴もそれを物語っています。大学で図書館司書の資格を取り、卒業後は某図書館で司書を務めたそうです。次に有名な大手書店へ転職、しかし、本を作る仕事がしたいとの思いから退職、そしてＩＡＰ出版に辿り着いたのです。本当に本が好きなのだと思います。

そのような彼女の第1号の仕事として、私の**【敬聴力】**の原稿を校正してもらえて、本当によかったと思います。校正のやり取りで、彼女が私の伝えたい

【敬聴力】に共感してくれたことを聴くたびに嬉しく思い、彼女に編集をしてもらってよかったと何度も思いました。

そして、校正が入るごとに変わっていく原稿が楽しかったのです。もちろん、元の原稿と内容は変わっていないのですが、その組み立ては大きく変化し、すばらしく読みやすくなっていくのです。※ただし、本書には、電子書籍版には書いていなかった箇所もいくつか校正の中で追加させていただいております。

森田さんや、森田さんを助けてくれた編集先輩諸氏の皆さまには、心より御礼申し上げます。

また、本書の推薦のコメントをお書きいただいた立石裕明さんと石川みきさんにも御礼申し上げます。

立石さんは本文中にもたっぷり登場していただいておりますので、ご紹介は割愛させていただきますが、彼は今も全国の商工会・商工会議所や、会員である全国の会社さんに向けて、精力的に講演活動をされております。年間２００本を超える活動です。

石川さんは、私の電子書籍を読んで真っ先にレビューとメールをくださったキャリアコンサルタントさんで、実はそのレビューとメールをきっかけにお会いすることとなったのです。そして、私の**【敬聴力】**を多くの方に伝えたいと言っていただけたことに感動してしまいました。本当に嬉しかったのです。

彼女は、神戸大学を卒業後に教育・人材業界の大手企業でキャリアを積み、いわゆるエリートを自認していたとのことでした。しかし、そのエリート街道は、決して甘くなかったともおっしゃっていました。それは、業界や組織が厳しいということもありますが、それ以上に、彼女自身が「楽しく生きる！」を見失っていたのだそうです。

そして、私の電子書籍『傾聴力を【敬聴力】へ‼』をＡｍａｚｏｎで見つけ、一気に読み切り、すぐさま感想をくださったのでした。

「自分はキャリアコンサルタントとして、これまで数多くの傾聴トレーニングを積んできた。しかし、本当にクライアントの立場に立てているかと言うと、何かが足りない…。その何かが、『傾聴力を【敬聴力】へ‼』にすべて書いてあると感じた」

彼女からこのように言っていただき、本当に感謝した瞬間でした。

私の**【敬聴力】**を共感していただけたこと、また、「楽しく生きるために役立つ」と感じていただけたことを心から嬉しく思いました。私のつたない原稿のまま世に出してしまった**【敬聴力】**が、この人の役には立つことができたのだと。

立石さんと石川さんに推薦文を書いていただけたことにあらためて、感謝と御礼を申し上げて私の謝辞とさせていただきます。

平成29年11月14日

西元　康浩

著者　**西元　康浩**（にしもと やすひろ）

1958年兵庫県生まれ。一般社団法人 日本知的資産プランナー協会の理事長を務める。国家公務員を経て昭和62年より行政書士として中小企業の支援業務を行なう。これまでの支援件数は1000社以上。主に中小企業の事業承継、経営再生、資金調達に関する支援を行っている。平成19年以降「知的資産経営」導入に向け、東京・大阪をはじめ各地の行政書士会で研修・セミナーを行うほか、中小企業や他士業向けの研修会及びシンポジウムでの講演（経済産業省を主管とする団体主催を含む）を行う。また、「小規模企業振興基本法」制定に伴い中小企業基盤整備機構の要請を受け、平成26年10月より全国の商工会・商工会議所の経営指導員向けに「小規模事業者支援研修」を実施。地域商工会からは「まちおこしプロジェクト」等へ専門家として招請を受ける。

略歴

昭和56年～平成４年	郵政省勤務
昭和62年	行政書士登録
平成４年～平成23年	㈲マクロシステム研究社 設立
平成21年～平成23年	知的資産経営サポートセンター 設立
平成22年～平成24年	緊急人材育成支援事業（知的財産管理実務）開講
平成22年～平成25年	和解あっせん人・調停人 就任 （公益社団法人 総合紛争解決センター）
平成22年12月	㈳OSAKAあかるクラブ 法制顧問就任
平成23年６月	一般社団法人 日本知的資産プランナー協会 設立
平成23年９月	京都外国語大学 後期授業「知財マネジメント」受託
平成27年11月	一般社団法人 inochi未来プロジェクト 顧問就任

著書

書籍『あなたの会社が目指すのは「売上ですか？継続ですか？」
小さな会社の仕組つくり（ノウハウ戦略）』（IAP 出版）

電子書籍『傾聴力を【敬聴力】へ!!　言わなきゃ分からん！でも…言っても分からん？』
（Amazon Kindle 版）

一般社団法人 日本知的資産プランナー協会ＨＰ
http://ia-planner.com/

「相続対策では無い!! 本当の意味での事業承継を考える経営者、必読の1冊!!」

【中小企業等経営強化法】の認定事業者になろう!

本書はこれからの日本経済を支えていくのは、全事業者の90%以上を占める中・小規模企業である事。主役となるべきが「小さな会社」である事を「小さな会社」自身に分かって頂く為の書籍です。
本論では、「小さな会社」が持つ本当の「強み」が何であるのか?また、その「強み」をしっかりと経営に活かすために何をすべきなのかを、「小さな会社」の持つノウハウ:「知恵(C)・工夫(K)・経験(K)」の仕組化として紹介しております。

筆者の歩んできた31年に渡る「小さな会社」サポートの経験から確信をもって言える『すべての会社経営者や従業員が持つ「知恵・工夫・経験」こそが、「強み」であり、守るべき資産(CKK資産)である。』事を業種・業態ごとの事例やエピソードも交え、本当に分かりやすく伝えた読み物となっています。

○筆者の講演を聞いた経営者さんは、自社でのノウハウの仕組化を本気で取組まれています。

○筆者の講演を聞いた経営コンサルタントさんは、その支援のあり方を明確にされています。

○筆者の講演を聞いた士業者・経営指導員さんは、国の示す「伴走型支援」が、中・小規模企業を教えたり、指導する事では無く、企業から学ぶことであり、「教えて貰う専門家」となることであるとの「気付き」を得ています。

日本の未来を担う、次の世代へ事業を承継し発展させる事が「小さな会社」の使命であり、「小さな会社」こそが我が国の『宝』なのです。このことを町の村の事業経営者に伝える事が筆者の願いであります。一社でも多くの事業者が『中小企業等経営強化法』の認定を受ける事を期待します。

あなたの会社が目指すのは『**売上ですか?　継続ですか?**』
小さな会社の「仕組つくり(ノウハウ戦略)」
西元康浩　著
■体裁:A5判・227ページ
■定価:本体価格1,500円+税　　ISBN978−4−908863−00−4　C2034

新版

傾聴力を敬聴力へ！

心に届く言葉で、自分の想いを伝えるために

2017年12月17日　初版第1刷発行

著　者：西元　康浩

発行者：関谷　一雄

発行所：ＩＡＰ出版

〒531-0074

大阪府大阪市北区本庄東2丁目13番21号

TEL：06-6485-2406　FAX：06-6371-2303

印刷・製本：有限会社 扶桑印刷社

ISBN978 - 4 - 908863 - 01 - 1